ANALYSES LITTÉRAIRES

DE

FABLES DE LA FONTAINE

ANALYSES LITTÉRAIRES

DE

FABLES DE LA FONTAINE

ET DE MORCEAUX CHOISIS

PAR

C. ROUZÉ

AGRÉGÉ DE L'UNIVERSITÉ, PROFESSEUR AU LYCÉE LOUIS-LE-GRAND

NOUVELLE ÉDITION

OUVRAGE ADOPTÉ POUR LES ÉCOLES DE LA VILLE DE PARIS

PARIS

LIBRAIRIE CLASSIQUE EUGÈNE BELIN

Vᵛᵉ EUGÈNE BELIN ET FILS

RUE DE VAUGIRARD, Nº 52

1886

Tout exemplaire de cet ouvrage non revêtu de ma griffe sera réputé contrefait.

SAINT-CLOUD. — IMPRIMERIE Vᵉ LUG. BELIN ET FILS.

PRÉFACE

Plusieurs lecteurs de l'*Instruction primaire* ont bien voulu nous inviter à réunir en un volume les analyses des *Fables de la Fontaine* que nous avions écrites spécialement pour ce journal d'éducation. Nous nous sommes rendu à ce désir avec d'autant plus d'empressement que nous avions quelquefois songé à en devancer l'expression.

Nous avons donc rassemblé et revu nos analyses. Pour compléter ce travail, nous y avons ajouté quelques études de morceaux classiques qui nous ont paru propres à révéler aux élèves toutes les difficultés que présente l'art d'écrire. Peut-être n'était-il pas inutile de leur montrer, après tant d'autres, que des écrivains de génie, faute de s'être sévèrement surveillés, se sont exposés parfois aux critiques d'un obscur grammairien.

Quand les écoliers ne retireraient que cette leçon de la lecture de notre livre, nous croirions n'avoir pas perdu toute notre peine en le composant.

C. R.

INTRODUCTION [1]

DE L'ANALYSE LITTÉRAIRE

Le terme *analyse* est formé de deux mots grecs, *ana* et *lyo*, qui signifient : *je décompose, je divise d'un bout à l'autre*, c'est-à-dire, *tout à fait*.

Analyser un corps, c'est le décomposer en toutes ses parties et indiquer la *nature* et la *fonction* de chacune d'elles. On sait que cette analyse est le meilleur, ou plutôt, l'unique moyen d'acquérir une connaissance complète des objets matériels.

Mais les choses qui échappent à nos sens, comme la pensée, ne s'étudient pas tout à fait de la même manière. Pour les faire mieux connaître, on les *explique* (2).

Ainsi, analyser le langage, c'est expliquer la nature et la fonction de toutes les parties dont il se compose.

On peut rechercher de quels éléments primitifs un mot a été formé, séparer la racine des préfixes et des suffixes qui s'y sont ajoutés : on fait alors de l'*analyse lexicologique*. On peut aussi examiner la nature et la fonction des mots dans chaque proposition : cette analyse s'appelle *grammaticale*. On peut enfin décomposer les phrases en propositions et étudier le rôle et la composition de chacune d'elles : cette analyse se nomme *analyse logique*.

Mais, au lieu de se borner à décomposer un morceau de littérature pour en étudier les mots ou les propositions, on peut rechercher si l'auteur qui a écrit cette page a traduit avec exactitude et avec art les idées qui s'y déve-

---

(1) Ce premier chapitre est destiné à servir de *lecture à haute voix*. Le maître expliquera et commentera les termes techniques et s'assurera, à l'aide de questions, qu'ils ont été bien compris.

(2) *Expliquer* signifie proprement : *développer tous les plis* d'un objet, de telle sorte qu'aucune partie ne puisse échapper à l'examen.

loppent. La propriété des expressions, leur convenance, la valeur et la disposition des pensées elles-mêmes, peuvent être l'occasion d'un examen d'autant plus délicat qu'il a pour objet, non plus un simple mécanisme, mais le fond même du morceau, c'est-à-dire la vérité des idées, la justesse des images, et toutes ces délicates nuances que l'artifice de la composition peut prêter à l'expression de la pensée.

On donne à cette analyse le nom d'*analyse littéraire*.

Les élèves sont généralement fort embarrassés lorsqu'on leur donne à faire ce travail. C'est que la critique est, en réalité, beaucoup plus difficile qu'on ne le pense. Pour apprécier les œuvres d'art, il faut avoir un sentiment très délicat et très exact des différentes formes sous lesquelles le beau peut se manifester ; et, pour formuler avec élégance un blâme ou un éloge, il faut être *artiste* soi-même.

Mais on ne peut exiger des élèves cette critique délicate dont certains écrivains nous ont donné d'admirables exemples. Du reste, les appréciations qu'on leur demande ont presque toujours pour objet des *œuvres de choix*, dont les beautés leur ont déjà été révélées et analysées en détail pendant les exercices de lecture et de récitation. Lorsque ces jeunes gens sont invités à développer, dans une *analyse littéraire*, un jugement dont les principaux éléments leur ont été déjà fournis, leur tâche devient assez facile et se réduit d'ordinaire à montrer qu'ils ont profité de la leçon du maître ; il leur suffit de prouver qu'ils ont bien compris l'idée générale qui forme, pour ainsi dire, la substance du passage étudié, et qu'ils ont mis à profit les observations qui leur ont été faites sur la valeur des mots qui entrent dans sa composition.

Quand ces premiers exercices ont inspiré aux élèves le désir de pénétrer dans le sens *intime* de la langue et les ont habitués à saisir ce que l'on appelle vulgairement *les finesses*, c'est-à-dire, à trouver par eux-mêmes le secret des beautés qui les ont frappés dans une œuvre littéraire, leur analyse, assez timide et embarrassée tout d'abord, s'enhardit peu à peu. Elle prend enfin une virile assurance dès qu'elle se sent soutenue par une connaissance plus complète et plus sûre du fond même de la langue : connaissance absolument indispensable à celui qui veut apprécier à sa juste valeur une œuvre littéraire.

Mais, pour acquérir une notion aussi *exacte* que possible de la *valeur des mots*, l'élève doit se bien persuader que, si les grands écrivains savent tirer des termes qu'ils emploient les effets les plus frappants par la manière dont ils les disposent, ces mots, quelque flottant que leur sens paraisse, n'en ont pas moins une *signification très précise* qui permet, dans une certaine mesure, de les assimiler à des *chiffres*.

En effet les mots, comme leur généalogie le prouve, ont un sens *primordial*, c'est-à-dire *une valeur propre*, qu'ils empruntent à la racine d'où ils ont été tirés.

Examinons, par exemple, le terme *neuf*. Ce mot, dans toutes les langues qui se sont parlées et se parlent en Europe, signifie *nouveau*. La langue française, à ne considérer qu'elle seule, l'atteste. S'il en est ainsi, c'est que la numération s'était vraisemblablement arrêtée, pendant une assez longue période, au nombre huit, et que l'on a appelé *nouveau* le nombre *neuf*, quand on l'ajouta aux huit premiers nombres.

De même que les chiffres, les mots ont aussi une valeur *relative* qu'ils reçoivent du milieu où ils se trouvent, de la place même qu'ils occupent parmi les mots qui les entourent et qui projettent sur eux une sorte de reflet et de nuance particulière. Il y a longtemps que cette influence a été signalée par le poète Horace, qui en a tiré un précepte excellent[1].

Ce n'est pas tout encore. Sous l'influence des compa-

---

1.   Diveris egregie, notum si callida verbum
    Reddiderit junctura novum.   (Hor., *Art poét.*)

raisons successives auxquelles ont donné lieu les objets que les mots désignaient tout d'abord, leur sens primitif s'est considérablement élargi et modifié avec les siècles. Ainsi, pour citer encore un exemple des plus familiers, le mot *main* désigne *proprement*, c'est-à-dire *primitivement*, et en vertu de la racine d'où il est sorti, la partie du corps qui termine le bras et dont les doigts sont les extrémités.

Par extension, on donne aussi le nom de *main* à certains instruments qui, remplissant le même usage que la main, ont été naturellement comparés avec elle. C'est ainsi que l'on appelle aujourd'hui certaines pelles, des *mains* de fer.

Ce mot *main* a même fini par s'employer pour désigner la *quantité* de papier que l'on peut tenir *roulée* dans la main : une *main* de papier.

Les Latins sont allés plus loin encore. Ils se sont servis de ce même terme pour désigner la *quantité d'hommes* qu'un chef peut faire agir à son gré, comme s'il les tenait dans la main ; et nous, les disciples des Romains, nous disons comme eux un *peloton*, une *poignée* d'hommes.

Sous l'influence de la métaphore, la signification des mots s'étend ainsi avec une incroyable élasticité. Et de même qu'une pierre, lancée dans une eau tranquille et dormante, y produit une *série* de cercles concentriques, dont les derniers commencent seulement à se former alors que le premier s'efface, ou même a si bien disparu que les plus éloignés du centre semblent ne se rattacher à *rien ;* de même, sous l'influence des extensions consécutives dont certains mots ont été l'objet, leur sens dernier s'est tellement éloigné de leur signification primitive, qu'il faut souvent bien de la sagacité pour rétablir la série des altérations successives qu'il a subies.

Cette connaissance scientifique du *sens propre* et des *sens figurés* des mots est la base indispensable, et la *seule base solide* de toute critique sérieuse. On ne saurait d'ailleurs consacrer trop de temps à l'acquérir, si l'on veut s'armer d'une solide défense contre les atteintes d'un mauvais goût qui pénètre aujourd'hui partout à la faveur des pièges qu'il tend à la curiosité.

Mais comme les meilleures démonstrations sont encore, après tout, celles qui s'appuient sur des exemples, nous allons étudier ici quelques morceaux choisis. On nous pardonnera certainement d'avoir donné aux élèves l'exemple de la sévérité.

———

I. — Le Sage.

Ni l'or ni la grandeur ne nous rendent heureux ;
Ces deux *divinités* n'accordent à nos vœux
Que des biens peu *certains*, qu'un plaisir peu tranquille :
Des soucis dévorants *c'est l'éternel asile,*
Véritables *vautours*, que le fils de Japhet
Représente, enchaîné sur son *triste* sommet.
L'humble toit est exempt *d'un tribut si funeste ;*
Le sage y vit en paix et méprise *le reste.*
Content de ses *douceurs*, errant parmi les bois,
Il regarde *à ses pieds* les favoris des rois.
Il lit au front de ceux qu'un vain luxe environne
Que la fortune vend ce qu'on croit qu'elle donne ;
Approche-t-il du but, quitte-t-il ce séjour,
Rien ne trouble sa fin ; c'est le soir d'un beau jour.

Analysons les expressions qui nous frappent le plus quand nous lisons ce morceau.

Dans ce premier vers :

Ni l'or ni la grandeur ne nous rendent heureux,

ces deux mots, *or* et *grandeur*, sont évidemment pris dans leur acception métaphorique la plus familière. La Fontaine veut dire que la *fortune* et les *positions élevées* ne suffisent pas pour assurer le bonheur de l'homme. Il ne donne nullement à entendre qu'il considère ces deux mots comme représentant des *choses personnifiées*, à la façon des divinités du paganisme. Aussi sommes-nous surpris de voir, au vers suivant, l'*or* et la *grandeur* devenir des dieux :

> Ces deux *divinités* n'accordent à nos vœux
> Que des *biens*.peu certains...

Voilà par conséquent *deux biens* qui se changent en deux *divinités*, lesquelles, à leur tour, n'accordent que des *biens* peu certains ! La surprise redouble encore au vers suivant, où ces divinités deviennent un *asile*. Passe encore qu'elles *offrent* un asile ; mais qu'elles soient elles-mêmes un *asile*, et un *asile éternel !* Et de qui sont-elles l'*asile ?* des *soucis dévorants !* association d'idées fort peu naturelle, puisqu'en général on se figure bien tout ce qui *dévore* dans un *antre*, dans une *caverne*, dans une *tanière*, mais non dans un de ces refuges que la croyance antique avait placés sous la protection divine.

Enfin, ces soucis dévorants se transforment en *vautours :*

> Véritables vautours, que le fils de Japhet représente...

Mais non, Prométhée ne représente point les vautours ! Prométhée représente l'*humanité*, continuellement tourmentée par le besoin insatiable de découvrir le mystère que cache le spectacle de ce monde, toujours aux prises avec les redoutables énigmes que lui présentent ces questions mystérieuses : Qui suis-je ? d'où viens-je ? où vais-je ? Sans compter cette nécessité perpétuelle où l'homme se trouve de défendre sa vie contre les forces aveugles de la nature, et de suffire à des besoins toujours renaissants. Voilà *les soucis*, voilà les *véritables* vautours qui rongent le foie de Prométhée, enchaîné, non pas sur *son triste sommet*, expression bien vague et bien obscure en elle-même, mais sur un des rochers froids et nus du Caucase.

Au septième vers, ces *soucis dévorants* deviennent un

tribut funeste... funeste, sans doute, à celui qui le paie.
Mais, dans ce vers :

> L'humble toit est exempt d'un tribut si funeste.

l'*humble toit* est *personnifié* et désigne évidemment *celui
qui vit* sous cet abri, dans cette chaumière, c'est-à-dire,
selon l'expression de Malherbe :

> Le pauvre en sa cabane où le chaume le couvre.

Et dès lors, comment ce même mot peut-il être pris,
au vers suivant, dans son sens propre :

> Le sage *y* vit en paix et méprise le reste ?

vers où *en paix* est évidemment employé dans un sens
indéterminé : ce qui n'empêche pas le poète de le considérer comme déterminé au vers suivant, où il dit :

> Content de *ses* douceurs,...

ce que la grammaire ne permet pas.

Enfin ce sage, qui, tout *en errant dans les bois, regarde
à ses pieds* les favoris des rois, présente une image bien
singulière. C'est qu'en réalité, *errant* parmi les bois est
pris *au propre*, tandis que *regarde à ses pieds* est dit *au
figuré*, et signifie : considère comme bien au-dessous de
lui, *dédaigne*.

On le voit donc, La Fontaine, comme Homère, som-
meille quelquefois. Boileau, qui, en sa qualité de critique, aurait toujours dû se tenir en éveil, s'est oublié quelquefois aussi. Au commencement de son *Art poétique*,
par exemple, on voit « un téméraire auteur, monté sur
Pégase, mais captif dans son génie étroit, et qui cherche
en vain à escalader au Parnasse la hauteur de l'art des
vers. » Les métaphores sont aussi incohérentes que
dans *le Sage* de la Fontaine.

Étudions maintenant un morceau de prose.

II. — Image de la vie.

« Les hommes *passent* comme les fleurs, qui s'épanouissent le matin, et qui, le soir, *sont flétries* et foulées aux pieds. Les générations des hommes *s'écoulent* comme les ondes d'un fleuve rapide : *rien ne peut arrêter* le temps, qui *entraîne* après lui tout ce qui paraît le plus immobile.

» Toi-même, ô mon fils! mon cher fils! toi-même qui jouis maintenant d'une jeunesse si vive et si féconde en plaisirs, souviens-toi que ce bel âge n'est qu'une fleur, qui sera presque aussitôt *séchée* qu'éclose ; tu te verras *changer* insensiblement; les grâces riantes, les doux plaisirs qui t'accompagnent, la force, la santé, la joie *s'évanouiront* comme un beau songe : il ne t'en restera qu'un *triste souvenir* ; la vieillesse languissante et ennemie des plaisirs *viendra rider* ton visage, courber ton corps, affaiblir tes membres, *faire tarir* dans ton cœur la source de la joie, te *dégoûter* du présent, te faire craindre l'avenir, te rendre insensible à tout, excepté à la douleur.

» Ce temps te paraît éloigné. Hélas ! tu te trompes, mon fils : il se hâte, le voilà *qui arrive* ; ce qui vient avec tant de *rapidité* n'est pas loin de toi : et le présent *qui s'enfuit* est déjà bien loin, puisqu'il *s'anéantit* dans le moment que nous parlons, et *ne peut plus se rapprocher*. »   FÉNELON.

Si le lecteur veut bien lire *de suite* les expressions que nous avons soulignées, il verra que toutes présentent une harmonie de ton et de couleur que nous aurions vainement cherchée dans le morceau précédent.

Toutes ces expressions, en effet, expriment une des nuances de l'idée générale que désigne ce terme : *passer*, qui commence la première phrase ; toutes nous présentent, dans leur diversité, le tableau continuellement renouvelé de ce changement perpétuel qui agit à la fois sur les hommes et sur les choses. Mais bornons-nous, dans cette analyse, à constater avec quel luxe d'images, et, en même temps, avec quelle précision Fénelon a tracé le tableau des ravages que le temps exerce dans notre domaine, et rendons-nous un compte exact de la justesse des métaphores à l'aide desquelles il a en quelque sorte *dépeint* ses idées.

Les hommes *passent*, dit-il. Quoi de plus vrai? La jeunesse ne s'en aperçoit pas, l'âge mûr en est plus frappé; mais la vieillesse surtout constate combien est *rapide* le cours de la vie. Oui, les hommes *passent* comme les fleurs, comme ces éphémères, qui ne voient *qu'une journée!* On croit entendre les plaintes de cette jeune captive qu'a chantée A. Chénier :

> Je n'ai vu luire encor que les feux du matin ;
> Je veux achever ma journée.

Prenez ce terme « *passent* » dans son sens propre ou figuré, il est également juste.

Vient ensuite cette grandiose image des générations des hommes qui *passent* aussi à la manière des fleuves, c'est-à-dire qui *s'écoulent* comme les *ondes* d'un fleuve rapide. Le temps est inexorable, comme toutes les *lois de la nature*. *Rien* ne peut arrêter le temps, qui *entraîne*, à la façon d'un torrent impétueux et irrésistible, tout ce qui paraît le plus immobile.

De ces idées générales, qui sont pleines de grandeur, le poète... ou plutôt Arcésius, passe à des considérations personnelles. Il a sous les yeux son arrière-petit-fils, plein de force et de jeunesse, et un sentiment de compassion s'empare de son âme, quand il songe à la destinée inflexible qui lui est réservée. Voyez comme les images se ressemblent et comme les métaphores reproduisent, dans leur variété, la même impression. Instruit par l'âge, Arcésius se défie de l'étourderie de la jeunesse; il se répète, il redit les mêmes choses presque dans les mêmes termes. Tout à l'heure, c'étaient les générations des hommes qu'il comparait à un torrent rapide; maintenant la force, la santé, la joie, ces avantages de la jeunesse, sont assimilées à un beau songe dont il ne reste qu'un souvenir : *triste souvenir*, puisqu'il ne permet plus d'espoir !

Enfin, arrive le tableau de la vieillesse qui, non contente d'exercer ses ravages sur le corps, enlève à l'âme tout ce qui faisait le charme de la vie. Ici Fénelon se rencontre avec un profond philosophe, Aristote.

La vieillesse *fait tarir* la source de la joie : les vieillards souffrent *physiquement*, et leur cœur n'a plus d'illusions; — ils craignent l'avenir qui ne peut leur apporter que la mort; — ils sont dégoûtés du présent, qui ne leur offre aucune consolation; — ils sont tellement endurcis par le souvenir de toutes les misères de cette vie, qu'ils sont insensibles à tout, excepté à leurs propres maux.

Télémaque pourrait se consoler, au milieu de toutes ces tristesses, en pensant que l'avenir lui reste, et que cet avenir durera longtemps. Arcésius se hâte de lui ôter cette dernière espérance. La vieillesse est là, qui le guette; la voilà qui se hâte et qui arrive, apportée par cette terrible évolution du temps, qui ressemble à la *course* d'un fleuve rapide, et qui fait que le présent *qui s'enfuit*, est déjà bien loin... On frémit en se rappelant ce vers de Boileau :

> Le moment où je parle *est déjà loin de moi*.

Que l'on relise cent fois ce morceau : on n'y trouvera pas une métaphore qui déconcerte l'esprit, ni même qui le surprenne. Toutes procèdent d'une même idée, l'idée de *changement*. Tout au plus les délicats pourraient-ils reprocher à Fénelon de les avoir fait passer un peu brusquement *des fleurs qui s'épanouissent le matin*, aux *ondes d'un fleuve rapide...*

La loi générale sur laquelle repose l'art d'écrire pourrait donc se résumer ainsi : *convenance parfaite* des expressions avec les idées. En effet, on ne saurait trop simplifier les principes de la critique, quand on s'adresse à des enfants, qui n'ont généralement à apprécier que des morceaux *détachés* et, par suite, considérés *isolément:*

La Fontaine peut-il être considéré
comme un moraliste?

La Fontaine a répondu lui-même à cette question dans la préface de ses fables. Voici ce qu'il dit de l'utilité morale de l'apologue :

S'il m'est permis de mêler ce que nous avons de plus sacré *parmi* les erreurs du paganisme, nous voyons que la vérité a parlé aux hommes par paraboles : et la parabole est-elle autre chose que l'apologue, c'est-à-dire un exemple fabuleux, et qui s'insinue avec d'autant plus de facilité et d'effet qu'il est plus commun et plus familier? Qui ne nous proposerait à imiter que les maîtres de la sagesse, nous fournirait un sujet d'excuse : il n'y en a point quand des abeilles et des fourmis sont capables de cela même qu'on nous demande.

C'est pour ces raisons que Platon, ayant banni Homère de sa République, y a donné à Esope une place très honorable. Il souhaite que les enfants sucent ses fables avec le lait; il recommande aux nourrices de les leur apprendre : *car on ne saurait s'accoutumer de trop bonne heure à la sagesse et à la vertu. Plutôt que d'être réduits à corriger nos habitudes, il faut travailler à les rendre bonnes* pendant qu'elles sont encore indifférentes au bien ou au mal. Or, *quelle méthode y peut* CONTRIBUER PLUS UTILEMENT *que ces fables?*

Le fabuliste ne se contente point de s'appuyer sur l'autorité d'un philosophe aussi éminent que Platon.

Il ajoute, à l'opinion qu'il exprime, une preuve qu'il emprunte à un apologue.

Dites à un enfant que Crassus, allant contre les Parthes, s'engagea dans leur pays sans considérer comment il en sortirait; que cela le fit périr, lui et son armée, quelque effort qu'il fît pour se retirer. — Dites au même enfant que le Renard et le Bouc descendirent dans un puits pour y éteindre leur soif; que le Renard en sortit, s'étant servi des épaules et des cornes de son camarade comme d'une échelle; qu'au contraire le Bouc y demeura pour n'avoir point eu tant de prévoyance; et que, par conséquent, il faut considérer en toute chose la fin. Je demande lequel de ces deux exemples fera le plus d'impression sur cet enfant. Ne s'arrêtera-t-il pas au dernier, comme plus conforme et moins disproportionné que l'autre à la petitesse de son esprit?

Et comme la Fontaine prévoit qu'on pourra se faire, contre la fable, un argument de la familiarité enfantine qui la caractérise ordinairement, surtout dans les apologues que l'on attribue à Esope, il prévient cette critique et y répond ainsi :

Il ne faut pas m'alléguer que les pensées de l'enfance sont d'elles-mêmes assez enfantines sans y joindre de nouvelles badineries. Ces badineries ne sont telles qu'en apparence ; car, *dans le fond, elles portent un sens très solide.* Et comme, par la définition du point, de la ligne, de la surface, et par d'autres principes très familiers, nous parvenons à des connaissances *qui mesurent enfin le ciel et la terre, de même aussi, par les raisonnements et les conséquences que l'on peut tirer de ces fables,* ON SE FORME LE JUGEMENT ET LES MŒURS, ON SE REND CAPABLE DE GRANDES CHOSES.

La grandeur, la majesté même de la comparaison que l'apologue inspire à la Fontaine montre toute la foi qu'il avait dans la bienfaisante influence de ses fables. Le poète, on le voit, avait conscience de ce rôle de moraliste qu'on lui a contesté et qu'il prétendait remplir en faisant passer dans notre langue les paraboles d'Esope. Si, dans sa conduite, il ne s'est pas toujours conformé aux préceptes que renferment ses moralités, dans ses fables, du moins, il prête à la morale une force d'autant plus pénétrante qu'il l'a fait découler tout naturellement des peintures les plus saisissantes. Eternellement vraies, parce qu'elles peignent fidèlement notre fond qui, sous des apparences changeantes, reste éternellement le même, elles charment aussi bien l'enfance que la vieillesse, parce que toutes deux peuvent y trouver le plaisir particulier que recherchent ces deux âges. L'apologue éveille la curiosité de l'enfant, qui suit avec le plus vif intérêt ces petits drames, et acquiert ainsi, sur le monde qui l'entoure, des notions que l'expérience rendra plus précises et plus sûres ; l'autre y trouve la confirmation des enseignements que lui a donnés l'expérience, et goûte le plus vif plaisir à relire ces apologues qui lui rappellent, dans leur diversité, toutes les leçons qu'il a reçues dans le cours de son existence. Ce retour que nous faisons sur nous-mêmes au déclin de la vie, n'est pas le moindre de tous les effets que produit le moraliste.

Que la Fontaine ait souvent suivi les doctrines d'un épicurisme commode; qu'il ait, même dans la moralité de quelques-unes de ses fables, indiqué *ce qu'il a vu faire* plutôt que *ce qui doit être fait :* il n'en est pas moins établi qu'il a voulu, comme il le dit lui-même, se servir des animaux pour instruire les hommes. Ses fables sont un tableau où l'humanité est dépeinte, et où chacun de nous peut trouver, en retournant la besace qu'il porte, ses faiblesses et ses défauts. Eh bien, n'est-ce pas la première condition qu'il faut remplir lorsqu'on veut se corriger?

Les fables de la Fontaine renferment des préceptes pour les hommes de toutes les conditions. Depuis le monarque, assis sur son trône, jusqu'au misérable bûcheron, courbé sous le fagot qu'il vient de ramasser dans la forêt, tous peuvent y trouver des enseignements pour toutes les situations de la vie. Avec un courage dont on citerait peu d'exemples sous le règne du *grand roi*, il dénonce l'injustice, les exactions, les persécutions, les pillages, si haut placés que soient les coupables. Non content de dénoncer la cruauté du lion, la bassesse ou la perfidie des fauves qui forment sa cour, il excite notre pitié en faveur de ce pauvre baudet, de ce malheureux pelé, de ce sympathique galeux, taillable et corvéable à volonté, en qui se personnifie le peuple dont la Bruyère a dépeint la misère dans un si lamentable tableau.

Rendons par conséquent justice à l'esprit d'indépendance qui anime la plupart des fables de ce poète, dont *le corps*, il faut bien l'avouer, fut toute sa vie si dépendant.

Il ne ménage la vérité ni aux rois ni aux puissants de la terre. Voici ce qu'il dit de leur équité :

> Selon que vous serez puissant ou misérable,
> Les jugements de cour vous rendront *blanc ou noir*.
>
> (*Animaux malades de la peste.*)

Voici ce qu'il dit de la rapacité des représentants de la Justice elle-même :

> ..... Perrin tire l'argent à lui
> Et ne laisse aux plaideurs que le sac et les quilles.

Une moralité dont la portée est bien plus générale, nous dépeint l'indulgence avec laquelle nous fermons les yeux sur nos propres défauts et la clairvoyance avec laquelle nous devinons les moindres faiblesses du prochain :

> *Dieu* fit pour nos défauts la poche de derrière
> Et celle de devant pour les défauts d'autrui.

Une ironie mordante flétrit la violence de ceux qui abusent de leur force pour opprimer les innocents :

> La raison du plus fort est toujours la meilleure.

Le vers suivant prêche aux hommes la charité, et leur enseigne qu'ils sont unis par une solidarité mutuelle.

> Il se faut entr'aider : c'est la loi de nature.

Mais à quoi bon multiplier ces exemples? La lecture des fables de la Fontaine en apprendra plus sur ce sujet que toutes les citations. Leur force semble même se perdre quand on les lit ainsi, séparées des apologues d'où elles découlent si naturellement.

ANALYSES

DE

FABLES DE LA FONTAINE

I. — La cigale et la fourmi.

La cigale, ayant chanté
    Tout l'été,
Se trouva fort dépourvue
Quand la bise fut venue :
Pas un seul petit morceau
De mouche ou de vermisseau !
Elle alla crier famine
Chez la fourmi, sa voisine,
La priant de lui prêter
Quelque grain pour subsister
Jusqu'à la saison nouvelle.
« Je vous paîrai, lui dit-elle,
Avant l'oût, foi d'animal,
Intérêt et principal. »
La fourmi n'est pas prêteuse :
C'est là son moindre défaut.
« Que faisiez-vous au temps chaud ?
Dit elle à cette emprunteuse. —
Nuit et jour à tout venant
Je chantois, ne vous déplaise. —
Vous chantiez ! j'en suis fort aise.
Eh bien ! dansez maintenant. »

ANALYSE.

Cette fable est la *première* du livre *premier :* ce qui ne veut pas dire qu'elle soit la meilleure. Cependant, en vertu même du rang qu'elle occupe, elle est presque toujours la *première* que l'on fait apprendre aux petits enfants : comme s'il était nécessaire de prêcher l'égoïsme à un âge qui se montre fréquemment dur et cruel, parce que, dans son inexpérience, il ne sait pas encore ce que c'est que souffrir !

« Eh bien ! dansez maintenant ! » Voilà le trait cruel que la fourmi lance à la pauvre cigale, malheureuse par sa faute, mais malheureuse néanmoins.

Pères et mères qui faites apprendre *la Cigale et la Fourmi* à vos enfants, soyez sûrs que ce dernier vers est celui qu'ils retiendront le mieux et qu'ils appliqueront le plus souvent, si vous ne leur enseignez pas tout d'abord qu'il n'est jamais permis de traiter durement les malheureux, quelque coupables qu'ils soient, et que le meilleur usage qu'un homme puisse faire de ses économies, est d'en consacrer une large part au soulagement de ceux qui souffrent.

La morale de cette première fable ne court pas seulement le risque d'être mal interprétée : la fable elle-même laisse aussi à désirer sous le rapport de la clarté, comme nous le montrerons dans l'analyse suivante.

> La cigale ayant chanté
> *Tout l'été...*

Ce vers semble bien court pour exprimer une aussi longue période. Mais celui qui récite cette fable, peut corriger ce petit défaut en s'arrêtant sur le mot *tout* qui commence le vers.

> Se trouva *fort* dépourvue,

c'est-à-dire dans une grande disette ; — lisez : *fort dépourvue* de vivres, d'aliments.

> Quand la *bise* fut venue :

La *bise* est un vent très *rigoureux* du nord-est, qui ne souffle guère que dans la mauvaise saison : *bise* est donc synonyme d'*hiver*.

> Pas un seul petit morceau
> De mouche ou de vermisseau !

En effet quand la *bise* souffle, on ne voit plus de mouches, et les vermisseaux sont cachés dans la terre. Il aurait fallu faire des provisions pendant l'été; la cigale n'y a point songé; comme tous les paresseux, elle ne pensait qu'à s'amuser, à chanter. Pressée par le besoin, au commencement de l'hiver.

> Elle alla crier famine
> Chez la fourmi, sa voisine,

Pauvre cigale ! Elle meurt *de faim*, elle en *crie*. De là cette expression énergique qui est devenue populaire : *crier famine* [1].

> La priant de lui prêter
> Quelque grain pour subsister
> Jusqu'à la saison nouvelle...

La saison nouvelle, c'est-à-dire le printemps. Dans quelques pays du midi, on appelle cette saison le *renouveau*; et, en effet, tout alors se renouvelle [2].

> Je vous paîrai, lui dit-elle,
> Avant l'oût, foi d'animal,
> Intérêt et principal.

Oût, ou *août*, contraction d'*Augustum*, huitième mois de l'année, consacré à l'empereur Auguste [3].
Foi d'animal, c'est-à-dire, au nom de la confiance que l'on doit accorder à la parole d'un animal, ou,

---

1. Dans le nord de la France, on confond généralement avec la *cigale*, ces petites sauterelles qui sont en effet les voisines des fourmis. La cigale ressemble à une grosse mouche, mais elle est de beaucoup plus grandes dimensions, et elle se tient sur les arbres. Les enfants la prennent dans le midi pour s'en faire un jouet.
2. Voyez une belle peinture du printemps dans la fable intitulée : *L'Alouette et ses petits*, liv. IV, fab. 22.
3. Eliminez la finale sourde (*um*) et la syllabe atone (*ug*), puis remplacez l's par un accent circonflexe, et vous aurez *août*.

pour résumer, aussi vrai que je suis un animal [1] !

Intérêt est ce qu'une somme rapporte; le *principal* est la somme prêtée.

> La fourmi n'est pas prêteuse :
> C'est là *son moindre défaut.*

Ce vers est souvent mal interprété. Il ne veut pas dire que ce soit là *le plus petit défaut* de la fourmi, comme on le comprend ordinairement, mais bien que le défaut d'être prêteuse (si c'est un défaut), est celui *que la fourmi a le moins.* Traduction familière : *si elle a un défaut, ce n'est certes pas celui-là.* Le vers de la Fontaine est donc obscur, puisqu'il est généralement mal compris.

> Que faisiez-vous au temps chaud ?
> Dit-elle à cette *emprunteuse.*

Emprunteuse forme, avec *prêteuse,* une rime trop facile.

> Nuit et jour *à tout venant,*
> Je chantais, ne vous déplaise,

A tout venant, c'est-à-dire, pour le premier venu, quel que fût celui qui pouvait m'entendre. Cette confession naïve, qui devait désarmer la fourmi, ne lui arrache que cette dure réponse, où le froid égoïsme se joint à la plus cruelle ironie, puisqu'elle s'adresse à une indigente :

> Vous chantiez, *j'en suis fort aise;*
> Eh bien, *dansez maintenant!*

Sans doute, il est fort bon de dire aux enfants que, s'ils sont paresseux comme la cigale, ils s'exposeront à rencontrer, dans le malheur, beaucoup de gens cruels comme la fourmi; — *mais il faut le leur dire,* et ne pas leur laisser, comme la Fontaine, le soin périlleux de tirer la conclusion, et d'accommoder la morale de cette fable avec leurs dispositions naturelles, qui ont souvent besoin d'être *dirigées,* sinon *corrigées.*

---

1. Cette locution vient du latin. Ex. : *Per regni fidem,* au nom de la loyauté qui sied à un roi, *foi de roi!*

II. — Le corbeau et le renard.

Maître corbeau, sur un arbre perché,
    Tenoit en son bec un fromage.
Maître renard, par l'odeur alléché,
    Lui tint à peu près ce langage :
    « Hé ! bonjour, monsieur du corbeau !
Que vous êtes joli ! que vous me semblez beau !
    Sans mentir, si votre ramage
    Se rapporte à votre plumage,
Vous êtes le phénix des hôtes de ces bois. »
A ces mots le corbeau ne se sent pas de joie,
    Et, pour montrer sa belle voix,
Il ouvre un large bec, laisse tomber sa proie.
Le renard s'en saisit, et dit : « Mon bon monsieur,
    Apprenez que tout flatteur
    Vit aux dépens de celui qui l'écoute :
Cette leçon vaut bien un fromage, sans doute. »
    Le corbeau, honteux et confus,
Jura, mais un peu tard, qu'on ne l'y prendroit plus.

ANALYSE.

Nous sommes souvent exposés, dans la vie, à rencontrer des gens qui nous flattent et nous comblent de caresses pour obtenir de nous ce qu'ils désirent.

Les sots se laissent toujours duper par ces amabilités intéressées : ils prêtent une oreille complaisante à ces éloges qui caressent leur grosse vanité, et s'aperçoivent un beau jour que l'on s'est moqué d'eux : mais il est trop tard; et s'ils ont la maladresse de se plaindre de leur mésaventure, ils deviennent l'objet de la risée publique. L'homme sage et modeste, au contraire, sait exactement ce qu'il vaut et il se défie toujours de ceux qui, pour le flatter et le tromper ensuite, lui prêtent des qualités imaginaires. C'est ce sage que nous devons rendre pour modèle. Quand nous sommes sur le point de nous laisser séduire par des louanges mensongères, rappelons-nous comment fut punie la sotte vanité du corbeau, dans la fable suivante de La Fontaine.

> Maître Corbeau, sur un arbre perché,
>   Tenoit en son bec un fromage.

Le titre de *maître* se donne encore aujourd'hui aux avocats et aux notaires. La Fontaine nous présente donc le Corbeau comme un personnage, un *gros monsieur,* terme dont il se sert en parlant des parents du loup[1] Malheureusement, si maître Corbeau est assez riche pour avoir des flatteurs, il n'a pas assez d'esprit pour deviner le sentiment qui les anime : il croit sottement tout ce qu'ils lui disent.

Voilà donc maître Corbeau sur un arbre. Maître Renard, *alléché,* c'est-à-dire attiré par l'odeur du fromage, voit tout de suite que l'oiseau est perché trop haut pour qu'il puisse l'atteindre. Son esprit inventif lui fournit aussitôt un expédient.

> Maître Renard, par l'odeur alléché,
>   Lui tint *à peu près* ce langage.

Il semble que la Fontaine a entendu les paroles du Renard et qu'il n'est pas bien sûr de les rapporter exactement. Le rusé compère feint d'être tout étonné de voir le Corbeau. L'exclamation qu'il pousse, sert à faire croire qu'il ne s'attendait pas à cette rencontre. Du reste l'oiseau est sur un arbre et il faut bien élever la voix pour appeler son attention.

> » Hé ! bonjour, monsieur *du Corbeau !*

Voilà le Corbeau anobli et devenu grand seigneur ! Monsieur du Corbeau ! Les apprentis tailleurs emploient la même ruse quand ils habillent M. Jourdain : ils l'ap-

---

1. « Ceux du loup, *gros messieurs,* l'ont fait apprendre à lire. »

pellent mon gentilhomme, mon seigneur, et lui soutirent ainsi presque tout son argent.

Le Corbeau, préparé par cette adroite flatterie, va prendre au sérieux tous les compliments que lui adressera le Renard :

> Que vous êtes joli! que vous me semblez beau!

Remarquez la gradation : *joli* se dit de ce qui a des dehors agréables; *beau*, de ce qui a des formes parfaites.

Il faut être bien sot pour se laisser prendre à des flatteries si peu déguisées. Mais le Renard ne craint point d'effaroucher la modestie de sa dupe. Il est près de jurer qu'il dit à peine toute la vérité :

> *Sans mentir*, si votre ramage
> Se rapporte à votre plumage,
> Vous êtes le phénix des hôtes de ces bois ! »

c'est-à-dire, si le chant que vous faites entendre dans *les rameaux*, dans *les branches* des arbres, *a du rapport, de la ressemblance* avec votre plumage et, par conséquent est aussi beau que lui, vous êtes le *phénix*, c'est-à-dire *le plus rare* et le premier des oiseaux qui habitent ces bois. Le Phénix passait, chez les Anciens, pour un oiseau unique, sans pareil, qui vivait cent ans et se jetait ensuite dans le feu pour en sortir plein de jeunesse. — On appelle *hôte* celui qui reçoit chez lui un étranger et lui donne la nourriture et un lit : le même mot désigne aussi celui qui reçoit l'hospitalité. Les oiseaux sont les *habitants*, les *hôtes* des bois, où ils trouvent leur nourriture et un abri.

Les éloges exagérés du Renard causent au Corbeau une joie si vive, qu'il ne *se sent plus*, c'est-à-dire qu'il ne sait plus où il est ni ce qu'il fait, tant il a l'esprit troublé. Il croit sottement qu'il mérite ces louanges, et veut prouver au Renard que sa voix ne le cède en rien à son plumage.

> A ces mots le corbeau ne se sent pas de joie,
> Et pour montrer *sa belle voix*,

c'est-à-dire pour montrer *combien sa voix est belle.*

> Il ouvre un large bec, laisse tomber *sa proie,*

c'est-à-dire le fromage que, selon Phèdre, *il avait volé* sur une fenêtre.

La ruse du Renard a réussi : incapable d'arriver jusqu'au Corbeau, il a fait tomber du bec de l'oiseau le butin qu'il convoitait.

> Le Renard s'en saisit et dit : « *Mon bon* monsieur,
> > Apprenez que tout flatteur
> Vit aux dépens de celui qui l'écoute.
> Cette leçon vaut bien un fromage, sans doute. »

Maintenant qu'il tient la proie, le Renard parle avec la plus grande familiarité au Corbeau. Il l'appelait tout à l'heure « Monsieur du Corbeau »; il l'appelle maintenant « Mon *bon* monsieur; » il pousse même l'irrévérence jusqu'à se moquer de lui et lui donne une leçon qui renferme la morale de la fable. C'est donc un flatteur qui nous apprend à nous défier de ses pareils, en nous montrant qu'ils vivent aux dépens de ceux qui prêtent complaisamment l'oreille à leurs discours : l'aveu est touchant !

> Le Corbeau, honteux et confus,
> Jura, mais un peu tard, qu'on ne l'y prendroit plus.

La vanité, hélas! est un défaut presque incurable. Le Corbeau n'a pas dû tenir son serment.

III. — Le loup et le chien.

La fable que nous allons traduire, est certainement une des meilleures de Phèdre. Elle n'en démontrera que mieux combien la Fontaine est supérieur aux fabulistes qu'il a imités.

Je vais dire en quelques mots combien la liberté a de charmes.

Un chien bien repu rencontra par hasard un loup exténué de maigreur ; ils se saluent et s'arrêtent. D'où te vient, je te prie, dit le loup, cette mine florissante ? Quel régime t'a donné ce bel embonpoint ? Moi, qui suis bien plus robuste que toi, je meurs de faim. — Le chien répondit sans détour : le même bonheur t'attend, si tu peux rendre à mon maître les mêmes services. — Lesquels ? dit l'autre. — Veiller au seuil de la porte, et protéger la nuit la maison contre les voleurs. — Mais, je suis tout prêt ; maintenant j'ai à souffrir la neige, les orages, et je traîne dans les bois une pénible existence. Combien il me serait plus facile de vivre abrité sous un toit, et de me rassasier, sans rien faire, d'une copieuse nourriture ! — Viens donc avec moi. — Chemin faisant le loup remarque le cou du chien pelé par la chaîne. — D'où vient cela, ami ? — Ce n'est rien. — Dis cependant, je te prie. — Comme on me trouve vif, on m'attache pendant le jour, pour que je dorme pendant que le soleil luit, et que je puisse veiller quand la nuit vient. Au crépuscule on me délie, et je cours où bon me semble. On m'apporte à l'envi du pain ; mon maître me donne les os de sa table ; les esclaves me jettent quelques bons morceaux et le ragoût dont on ne se soucie guère. Ainsi, sans fatigue, je me remplis le ventre. — Mais, si tu désires sortir, le peux-tu à ton gré ? — Pas tout à fait, dit le chien. — Jouis des douceurs que tu vantes, ami ; je ne voudrais pas d'un trône, si je ne devais pas être libre !

On voit qu'il y a loin de cette fable aux apologues, ordinairement si simples et si nus des anciens. Le portrait du loup et du chien est certainement pittoresque. La conversation est tout à fait conforme à ce que nous savons de leur caractère et de leurs mœurs ; la domesti-

cité obséquieuse du chien est placée dans un contraste
frappant avec la noble sauvagerie du loup, qui préfère à
un trône la liberté ! Nous n'aurions que des éloges à
donner à cette fable, si nous ne connaissions pas celle
de la Fontaine.

Comparons maintenant le fabuliste français avec son
devancier.

Le loup et le chien.

Un loup n'avoit que les os et la peau,
Tant les chiens faisoient bonne garde.
Ce loup rencontre un dogue aussi puissant que beau,
Gras, poli, qui s'étoit fourvoyé par mégarde.
L'attaquer, le mettre en quartiers,
Sire loup l'eût fait volontiers ;
Mais il falloit livrer bataille,
Et le mâtin étoit de taille
A se défendre hardiment.
Le loup donc l'aborde humblement,
Entre en propos, et lui fait compliment
Sur son embonpoint, qu'il admire.
« Il ne tiendra qu'à vous, beau sire,
D'être aussi gras que moi, lui repartit le chien.
Quittez les bois, vous ferez bien :
Vos pareils y sont misérables,
Cancres, hères, et pauvres diables,
Dont la condition est de mourir de faim.
Car, quoi ! rien d'assuré ! point de franche lippée !
Tout à la pointe de l'épée !
Suivez-moi, vous aurez un bien meilleur destin. »
Le loup reprit : « Que me faudra-t-il faire ? —
Presque rien, dit le chien : donner la chasse aux gens
Portants bâtons, et mendiants ;
Flatter ceux du logis, à son maître complaire :
Moyennant quoi votre salaire
Sera force reliefs de toutes les façons,
Os de poulets, os de pigeons ;
Sans parler de mainte caresse. »
Le loup déjà se forge une félicité
Qui le fait pleurer de tendresse.

Chemin faisant, il vit le cou du chien pelé.
« Qu'est-ce là ? lui dit-il. — Rien. — Quoi ! rien ! —
                             [Peu de chose. —
Mais encor ? — Le collier dont je suis attaché
De ce que vous voyez est peut-être la cause. —
Attaché ! dit le loup ! vous ne courez donc pas
    Où vous voulez ? — Pas toujours ; mais qu'importe ? —
Il importe si bien, que de tous vos repas
    Je ne veux en aucune sorte,
Et ne voudrois pas même à ce prix un trésor. »
Cela dit, maître loup s'enfuit, et court encor.

ANALYSE.

Ne craignons point d'entrer dans les plus petits détails. Pourquoi d'abord la Fontaine a-t-il donné, dans son titre, la première place au *loup* ? N'est-ce pas parce que lui-même attachait le plus grand prix à l'indépendance, et qu'il était attiré vers l'animal sauvage par une sorte de sympathie instinctive ? Lui qui dépendit toute sa vie de quelqu'un, et sut cependant rester libre, n'était-il pas disposé tout naturellement à prendre parti pour l'habitant des forêts ? Il semble s'intéresser à la bête farouche quand il nous trace son portrait dans ce seul vers :

Un loup n'avoit que les os et la peau.

On ne peut pas être plus maigre. Aussi comme nous allons trembler pour le chien fourvoyé, quand nous savons que cette maigreur extrême était causée par la vigilance des chiens :

Tant les chiens faisoient bonne garde !
Ce loup, rencontre un dogue aussi puissant que beau,
Gras, poli, *qui s'étoit fourvoyé par mégarde.*

Nous voilà prévenus : nous avons l'explication de cette singulière rencontre, que Phèdre avait d'un mot (*forte*) attribuée au hasard ; et nous comprenons, à certains

détails caractéristiques (*dogue aussi puissant que beau*),
que le loup soit saisi de quelque respect en face d'un si
rude adversaire.

> L'attaquer, le mettre en quartiers,
> Sire loup l'eût fait volontiers.
> Mais il falloit livrer bataille,
> Et le mâtin étoit de taille
> A se défendre hardiment.

Aucun détail n'est omis, et nous comprenons maintenant que le loup, au lieu de sauter sur le chien,
entre en conversation avec lui. Il sent qu'il n'est pas
le plus fort. Dans Phèdre, les deux animaux *se saluent;*
et pourtant le chien n'est que *bien repu, gros et gras;*
quel bon déjeuner il pouvait fournir à un loup affamé et
qui aurait eu du courage! Au moins, dans La Fontaine,
l'adversaire est un *dogue*, un *mâtin* aux crocs puissants,
et le succès est fort aléatoire.

> Le loup donc l'aborde humblement,
> Entre en *propos* et lui fait compliment
> Sur son embonpoint qu'il admire.

Remarquez avec quel art la Fontaine passe de la narration au discours direct. Vous allez maintenant entendre
le personnage :

> « Il ne tiendra qu'à vous, *beau sire,*

Ce *beau sire* est bien ironique dans la bouche d'un
dogue qui connaît sa force.

> D'être aussi gras que moi, lui repartit le chien

Et il continue sur un ton de commisération ironique :

> Quittez les bois, *vous ferez bien :*
> *Vos pareils* y sont misérables,
> Cancres [1], hères [2] et pauvres diables
> Dont la condition est de mourir de faim.

---

1. *Cancre*, du latin *cancer*, désigne proprement un *crabe*, et, au figuré,
un homme misérable.

2. *Hère*, du latin *herus*, et non de l'allemand *herr*, n'est usité qu'en mauvaise part : *un pauvre hère.*

Le chien manque ici des égards que l'on doit aux malheureux, et tout ce que l'on peut dire pour excuser son impolitesse, c'est que ce n'est pas lui, mais la Fontaine, qui parle ici, et en *naturaliste* plutôt qu'en homme du monde.

Le chien continue, et, en faisant le procès de la misérable existence du loup, il essaye de le convertir à la vie domestique. Ce chien fait du prosélytisme.

> Car quoi! rien d'assuré : point de franche lippée;
> Tout à la pointe de l'épée!

Le discours est devenu pressant ; les ellipses se succèdent, rapides et entraînantes. Le loup est ébranlé : le chien le décide par ce conseil :

> Suivez-moi; vous aurez un bien meilleur destin. »

Le loup, presque convaincu, prend cependant ses précautions.

> Le loup reprit : « Que me faudra-t-il faire? —
> Presque rien, dit le chien,

Décidément, le chien tient à faire une conquête ! Quel mot heureux ! *Presque rien!*

> *Presque rien,* dit le chien : donner la chasse aux gens,
> PORTANTS *bâtons, et mendiants.*

On voit que du temps de la Fontaine, la règle des participes présents n'était pas encore établie.

> Flatter ceux du logis, à son maître complaire.

Le chien a l'air de glisser sur ces devoirs de la servitude, et il ajoute bien vite :

> Moyennant quoi votre salaire
> Sera force reliefs [1] de toutes les façons,
> Os de poulets, os de pigeons;

---

1. *Reliefs,* ce qu'on *relève,* c'est-à-dire enlève de la table : *les restes.*

Que nous sommes loin du grossier ragoût de Phèdre !
Et enfin, comme compensation aux flatteries obligées de
tout à l'heure :

> Sans parler de mainte caresse. »

Quel habile avocat que ce chien ! Et comme il sait
bien garder pour la bonne place, pour la fin, les arguments les plus décisifs !

Comment résister à la peinture d'une pareille béati-
tude ! Le loup, qui est à jeun, affamé, croit déjà croquer
ces os délicats de poulet et de pigeon :

> Le loup déjà se forge une félicité
>   Qui le fait pleurer de tendresse.

Un loup *qui pleure de tendresse* ! Etait-il possible de
dépeindre en un seul vers, et d'une manière plus heureuse
et plus saisissante, le bonheur immense dont le loup est
pénétré ! Voilà de ces traits que nous chercherions en
vain dans les prédécesseurs de la Fontaine. En imitant,
notre fabuliste *crée*, parce qu'il *voit* et *sent* ce qui est, et
qu'il sait trouver des expressions qui peignent ce qu'il
sent et ce qu'il voit.

Les deux amis se dirigent vers la demeure du maître
au service duquel le loup brûle de s'engager. Mais,

> *Chemin faisant, il vit le cou du chien pelé.*
> « Qu'est-ce là, lui dit-il ? — Rien. — Quoi, rien ! — Peu
>   [de chose.

Le chien se fait bien prier ; il faut que le loup lui
arrache, pour ainsi dire, son secret. Phèdre est bien
moins habile, lui qui commence par nous parler de
chaîne.

> Mais encor ? — Le collier dont je suis attaché
> De ce que vous voyez est *peut-être* la cause.

Quelle habileté dans ce *peut-être* ? Le chien ne veut
pas avouer qu'il est esclave et, dans la crainte de désen-
chanter le loup tout en se rabaissant lui-même, il a l'air
de douter d'un fait qu'il connaît trop bien. Il n'ose pas

même désigner par son nom le dommage qu'a causé à son poil si luisant et si épais le frottement de la chaîne. Il a recours à une périphrase : *de ce que vous voyez!*

Là-dessus, le loup jette un cri que lui arrachent tout à la fois l'étonnement et l'horreur de la servitude.

> *Attaché!* dit le loup; vous ne courez donc pas
> *Où vous voulez?* —

Avec quelle puissance l'instinct de la liberté se réveille en lui ! Et comme la condition de ce chien *attaché* va lui paraître maintenant misérable !

> Pas toujours; mais qu'importe? —

répond le chien.

Mais le loup a perdu toutes ses illusions. Il termine ainsi :

> Il importe si bien, que de tous vos repas
> Je ne veux en aucune sorte
> Et ne voudrois pas même à ce prix un trésor. »

Le dernier vers nous semble bien faible. A quoi bon ce *trésor?* Et quel trésor? Nous aimons mieux cette domination dont parle Phèdre : *être roi,* être le maître, c'est-à-dire pouvoir se donner tout. Le refus eût été bien plus énergique, terminé par « *en aucune sorte.* » Heureusement la fable se termine par un trait qui relève cette faiblesse, la seule que nous ayons à noter :

> Cela dit, maître loup s'enfuit et court encor!

Ce dernier vers est devenu proverbial. Le loup est resté libre, au risque de payer de sa vie les *licences* qu'il se permet dans nos bergeries et dans nos étables.

IV. — La besace.

De tous les défauts dont se compose ce qu'on appelle la faiblesse humaine, celui qui s'oppose le plus à notre perfectionnement moral est, sans contredit, cette curiosité malicieuse qui tient sans cesse nos yeux ouverts sur les imperfections d'autrui, et nous empêche de voir nos propres infirmités.

Tout homme, dit Esope, porte deux besaces : l'une par devant et l'autre par derrière. Toutes deux sont remplies de défauts. Mais celle de devant renferme les défauts d'autrui, tandis que celle de derrière contient les défauts de celui qui la porte.

Phèdre a développé la même idée dans la neuvième fable du quatrième livre. Nous allons en donner la traduction, afin que le lecteur se rende un compte plus exact de l'originalité dont la Fontaine a marqué ses imitations.

Jupiter, dit Phèdre, a mis sur nos épaules deux besaces : il a placé par derrière celle qui est pleine de nos propres défauts, et il a suspendu par devant celle qui est pleine des défauts d'autrui.

Et le poète latin termine cette fable si sèche par la morale suivante :

Voilà pourquoi nous ne pouvons voir nos défauts personnels ; mais quand les autres commettent une faute, nous les censurons.

Ces apologues sont secs et dénués de tout ornement. Lessing, qui a reproché si sévèrement à la Fontaine d'avoir trop voilé la vérité sous les ornements dont il a embelli ses œuvres, devait être content quand il trouvait, chez les anciens, des fables si froides et si austères. On est libre de ne point partager son avis, et nous continuerons à croire que la vérité, comme toute autre chose, ne peut que gagner à se présenter sous des dehors aimables et attrayants.

La besace.

Jupiter dit un jour : « Que tout ce qui respire
S'en vienne comparoître aux pieds de ma grandeur.
Si dans son composé quelqu'un trouve à redire,
    Il peut le déclarer sans peur ;
    Je mettrai remède à la chose.
Venez, singe ; parlez le premier, et pour cause :
Voyez ces animaux, faites comparaison
    De leurs beautés avec les vôtres.
Êtes-vous satisfait ? — Moi ! dit-il ; pourquoi non ?
N'ai-je pas quatre pieds aussi bien que les autres ?
Mon portrait jusqu'ici ne m'a rien reproché.
Mais pour mon frère l'ours, on ne l'a qu'ébauché ;
Jamais, s'il me veut croire, il ne se fera peindre. »
L'ours venant là-dessus, on crut qu'il s'alloit plaindre.
Tant s'en faut : de sa forme il se loua très fort ;
Glosa sur l'éléphant, dit qu'on pourroit encor
Ajouter à sa queue, ôter à ses oreilles ;
Que c'étoit une masse informe et sans beauté.
    L'éléphant étant écouté,
Tout sage qu'il étoit, dit des choses pareilles :
    Il jugea qu'à son appétit
    Dame baleine étoit trop grosse.
Dame fourmi trouva le ciron trop petit,
    Se croyant pour elle un colosse.
Jupin les renvoya s'étant censurés tous,
Du reste, contents d'eux. Mais, parmi les plus fous,
Notre espèce excella ; car tout ce que nous sommes,
Lynx envers nos pareils et taupes envers nous,
Nous nous pardonnons tout, et rien aux autres hommes.
On se voit d'un autre œil qu'on ne voit son prochain.
    Le fabricateur souverain
Nous créa besaciers tous de même manière,
Tant ceux du temps passé que du temps d'aujourd'hui :
Il fit pour nos défauts la poche de derrière,
Et celle de devant pour les défauts d'autrui.

ANALYSE.

Tandis que Phèdre avait intitulé sa fable « *De vitiis
hominum,* c'est-à-dire *sur les défauts des hommes,* » notre

poète a donné à la sienne ce titre pittoresque « *la Besace,* »
c'est-à-dire « *le sac aux deux poches* [1], » expression qui
n'a rien d'abstrait et éveille la curiosité du lecteur. Remarquez aussi le contraste que forme, avec ce titre si
familier, le début solennel de la fable. Homère nous représente Jupiter ébranlant le vaste Olympe, où il tient sa
cour, d'un seul mouvement de ses sourcils : l'image est
certainement grandiose; mais le prince des poètes grecs
n'a jamais prêté au roi des dieux un langage plus majes-
tueux que ce discours où il invite toutes ses créatures
à lui dire ce qu'elles pensent d'elles-mêmes.

> Jupiter dit un jour : « Que tout ce qui respire
> S'en vienne comparoître aux pieds de ma grandeur.

« Quand on se sert de termes généraux, dit Buffon, le
style a de la noblesse. » Remarquez tout ce qu'il y a de
grandeur dans cette périphrase :

> Tout ce qui respire

Remplacez-la par :

> Tous les animaux,

le sens est absolument identique, puisque *animal* veut
dire *qui respire* [2]; mais le style perd toute son éléva-
tion. Voyez aussi avec quelle dignité le plus grand des
dieux parle de sa personne. Il veut bien prêter l'oreille
aux doléances de ses créatures, mais il entend rester *juge*
des raisons qu'elles vont alléguer pour changer de forme,
et il les fait *comparaître,* comme des accusés, au pied de
son tribunal souverain.

Cependant, comme le ton solennel de ce début pourrait les intimider et leur fermer la bouche, il s'empresse
de les rassurer et il prend un ton plus paternel :

---

1. Étymologie latine : *bis :* deux fois; *saccus,* sac.
2. *Anima,* respiration, souffle vital, et, par suite, âme.

Si, dans son composé,

c'est-à-dire, dans l'assemblage, dans la disposition des
différentes parties dont son corps se compose,

> quelqu'un trouve à redire,
> Il peut le déclarer sans peur;
> Je mettrai remède à la chose.

Notons en passant, pour remplir scrupuleusement notre
rôle de grammairien, que l'on dit en simple prose :
« *trouver à redire à son composé,* » et, « *porter* ou *apporter remède à une chose,* » et non pas « *y mettre remède ;* » mais ces petites incorrections sont permises
aux poètes, qui ont souvent tant de peine à emprisonner
leur pensée dans la mesure du vers.

Dociles à cette injonction de Jupiter, qui a bien voulu
leur permettre de *n'avoir point peur* en son auguste présence, tous les animaux s'approchent; et le plus laid de
tous, le Singe, qui sans doute gambadait en grimaçant
au premier rang, est invité à prendre la parole.

> Venez, singe, parlez le premier, *et pour cause.*

c'est-à-dire, *et vous avez les raisons les meilleures et les
mieux fondées de vous plaindre de votre conformation,*
vous qui êtes le plus disgracieux de tous les êtres.

> Voyez ces animaux, faites comparaison
> De leurs beautés avec les vôtres.
> Êtes-vous satisfait? —

Le singe, piqué au vif par cet « *et pour cause* » que lui
a décoché malicieusement Jupiter, ne peut contenir la
révolte de son amour-propre.

> Moi! dit-il; pourquoi non?

Voilà le premier cri que lui arrache la blessure faite à
sa vanité ! Indigné que le roi des dieux ait osé le critiquer,
lui qui est si satisfait de sa propre personne, il s'oublie

jusqu'à questionner sans la moindre déférence le *fabricateur souverain*.

> N'ai-je pas quatre pieds aussi bien que les autres?
> Mon portrait jusqu'ici ne m'a rien reproché.

c'est-à-dire, quand je regarde mon portrait, je ne m'adresse, en le voyant, aucun *reproche;* il ne me présente que des formes *irréprochables*.

Mais, si le singe est aveugle sur ses propres défauts, avec quelle clairvoyance il signale les imperfections d'autrui !

> Mais, pour mon frère l'ours, on ne l'a qu'ébauché.

Effectivement, l'ours semble avoir été façonné grossièrement et sans retouche, à l'aide de l'*ébauchoir*, tant il est lourd et massif !

Et il termine par ce conseil indirect, tout rempli de malice :

> Jamais, s'il me veut croire, il ne se fera peindre. »

Car son portrait semblerait sans cesse lui *reprocher* sa laideur.

Le défilé des animaux continue :

> L'ours venant *là-dessus*,

c'est-à-dire immédiatement après ce discours du singe,

>   on crut qu'il s'alloit plaindre.
> Tant s'en faut : de sa forme il se loua très fort;
> Glosa[1] sur l'éléphant; dit qu'on pourroit encor
> Ajouter à sa queue, ôter à ses oreilles;
> Que c'étoit une masse informe et sans beauté.

Avec quelle malice la Fontaine met dans la bouche de l'ours, à l'adresse de l'éléphant, une critique qui semble si bien faite pour l'ours lui-même : car il a la queue

---

1. On appelle *gloses* les explications qui accompagnent les textes des écrivains anciens. Comme la *critique* tient une place considérable dans ces *gloses*, ce mot a pris le sens défavorable qu'il a aujourd'hui.

encore plus courte que l'éléphant; comme lui, il a de grosses oreilles; comme lui, c'est une masse informe et sans beauté!

>   L'Éléphant étant écouté,
> Tout sage qu'il étoit,

tant le défaut que critique la Fontaine est général! tant il est vrai que nul animal n'y échappe!

>   dit des choses pareilles.
>   Il jugea qu'à son appétit,

c'est-à-dire, à son goût, selon son *désir*; car l'*appétit* n'est que le *désir* de l'estomac.

>   Dame Baleine étoit trop grosse.
> Dame Fourmi trouva le Ciron trop petit,
>   Se croyant pour elle un colosse.

Il était impossible de peindre par des traits plus heureux l'aveuglement universel. Jupiter ne juge donc pas utile de continuer l'épreuve; il congédie les animaux.

>   Jupin les renvoya, s'étant censurés tous,
>   Du reste contents d'eux!

Remarquez ce trait : ils se censurent entre eux, mais chacun est content de soi-même. Et pourtant les hommes devaient encore dépasser la suffisance des bêtes!

> . . . . Mais, parmi les plus fous,
>   Notre espèce excella; car tout ce que nous sommes,
> Lynx. . . . . .

c'est-à-dire aussi clairvoyants que le *lynx*, qui passait, chez les anciens, pour avoir une vue tellement perçante qu'elle traversait même les corps opaques, tandis que la taupe était censée aveugle.

>   Lynx envers nos pareils et taupes envers nous,
>   Nous nous pardonnons tout, et rien aux autres hommes.

c'est-à-dire nous ne pardonnons rien aux autres : l'ellipse

ajoute à l'énergie de la pensée en présentant ainsi le mot *rien* en tête de la proposition.

Le vers suivant est proverbial :

On se voit d'un autre œil qu'on ne voit son prochain

Dans celui-ci :

Le fabricateur souverain,

remarquez combien l'épithète *souverain* rehausse le nom un peu familier qu'il accompagne.

Le fabricateur souverain
Nous créa besaciers tous de même manière.

C'est la Fontaine qui a créé ce mot *besaciers*. Il veut dire que Jupiter, en nous créant, nous chargea d'une besace que nous portons tous de la même manière.

Il fit pour nos défauts la poche de derrière,
Et celle de devant pour les défauts d'autrui.

De là vient ce profond aveuglement que l'Écriture a caractérisé dans des termes dont l'exagération même rend plus saisissante encore la leçon qu'ils renferment.

Nous voyons la PAILLE qui est dans l'œil de notre frère, et nous ne voyons pas la POUTRE qui est dans le nôtre.

Le défaut dont parle la Fontaine date de loin, et il est très répandu. Il faudrait habituer de bonne heure les enfants à s'examiner eux-mêmes, et appeler sans cesse leur attention sur leurs imperfections et leurs faiblesses : car un défaut reconnu et avoué est déjà presque corrigé. Mais, hélas! la Fontaine a dit aussi :

Chassez le naturel, il revient au galop!

Eh bien! plus la tâche est difficile, plus on aura de mérite à l'accomplir.

V. — L'hirondelle et les petits oiseaux.

Une hirondelle en ses voyages
Avoit beaucoup appris. Quiconque a beaucoup vu
Peut avoir beaucoup retenu.
Celle-ci prévoyoit jusqu'aux moindres orages,
Et, devant qu'ils fussent éclos,
Les annonçoit aux matelots.
Il arriva qu'au temps que la chanvre se sème,
Elle vit un manant en couvrir maints sillons.
« Ceci ne me plaît pas, dit-elle aux oisillons :
Je vous plains, car, pour moi, dans ce péril extrême
Je saurai m'éloigner, ou vivre en quelque coin.
Voyez-vous cette main qui par les airs chemine?
Un jour viendra, qui n'est pas loin,
Que ce qu'elle répand sera votre ruine.
De là naîtront engins à vous envelopper,
Et lacets pour vous attraper ;
Enfin, mainte et mainte machine
Qui causera dans la saison
Votre mort ou votre prison :
Gare la cage ou le chaudron !
C'est pourquoi, leur dit l'hirondelle,
Mangez ce grain, et croyez-moi. »
Les oiseaux se moquèrent d'elle :
Ils trouvoient aux champs trop de quoi.
Quand la chenevière fut verte,
L'hirondelle leur dit : « Arrachez brin à brin
Ce qu'a produit ce maudit grain,
Ou soyez sûrs de votre perte. —
Prophète de malheur ! babillarde ! dit-on,
Le bel emploi que tu nous donnes !
Il nous faudroit mille personnes
Pour éplucher tout ce canton. »
La chanvre étant tout à fait crue,
L'hirondelle ajouta : « Ceci ne va pas bien ;
Mauvaise graine est tôt venue ;
Mais, puisque jusqu'ici l'on ne m'a crue en rien,
Dès que vous verrez que la terre
Sera couverte, et qu'à leurs blés
Les gens n'étant plus occupés,

Feront aux oisillons la guerre ;
Quand reginglettes et réseaux
Attraperont petits oiseaux,
Ne volez plus de place en place ;
Demeurez au logis ou changez de climat ;
Imitez le canard, la grue et la bécasse.
    Mais vous n'êtes pas en état
De passer, comme nous, les déserts et les ondes,
    Ni d'aller chercher d'autres mondes.
C'est pourquoi vous n'avez qu'un parti qui soit sûr :
C'est de vous renfermer au trou de quelque mur. »
    Les oisillons, las de l'entendre,
Se mirent à jaser aussi confusément
Que faisoient les Troyens quand la pauvre Cassandre
    Ouvroit la bouche seulement.
    Il en prit aux uns comme aux autres :
Maint oisillon se vit esclave retenu.

Nous n'écoutons d'instincts que ceux qui sont les nôtres,
Et ne croyons le mal que lorsqu'il est venu.

ANALYSE.

Le poëte Florian, dans la belle fable qu'il a intitulée
« *La carpe et les carpillons* », dépeint avec beaucoup de
vérité et de bonheur la sollicitude des mères et l'impré-
voyance du jeune âge. La fable de la Fontaine que l'on
vient de lire et dont la morale est absolument la même,
semble avoir servi de modèle à Florian. Nous ne pouvons
lire ces deux apologues sans nous demander lequel a le
mieux réussi à nous toucher et à nous plaire.

La Fontaine commence par nous tracer de l'hirondelle
un portrait qui nous prépare à la voir jouer son rôle de
bonne conseillère.

    Une hirondelle en ses voyages
        Avoit beaucoup appris.

En lisant ces premiers vers, nous pensons involontaire-
ment à ce début de l'*Odyssée*, où Homère nous représente
Ulysse, l'*habile* roi d'Ithaque, comme un homme dont

l'expérience s'est formée dans le cours de ses voyages et au contact des nations étrangères.

> Muse! chante ce héros plein de ruse, qui longtemps erra quand il eut renversé la sainte Ilion. Il visita de nombreuses cités, et connut les mœurs de peuples divers. Il souffrit, sur la vaste mer, des maux cruels en cherchant à conserver sa vie et à ramener ses compagnons ; mais il ne put les sauver... tous périrent *victimes de leur imprudence...*

On voit que l'âge mûr même court parfois à sa perte pour n'avoir point écouté de sages conseils.

La Fontaine nous explique ensuite comment l'hirondelle était devenue si sage, et quels fruits cet oiseau avait retirés de ses pérégrinations continuelles.

> Quiconque a beaucoup vu
> *Peut* avoir beaucoup retenu.

Si le poète a dit « *peut* » et non « *doit* », c'est que bien des gens ne tirent aucun profit des leçons les plus instructives, et traversent la vie sans s'améliorer.

Au contraire, l'hirondelle, souvent battue par les tempêtes dans ses voyages,

> Prévoyoit jusqu'aux moindres orages,
> Et, devant qu'ils fussent éclos,
> Les annonçoit aux matelots...

par ses cris, son vol inquiet et précipité. (Notons en passant que l'on dirait aujourd'hui *avant qu*'ils fussent éclos.) Cet oiseau, dont l'expérience était si consommée, semblait donc avoir bien le droit de donner des conseils à de petits oisillons « tout jeunes et qui n'avaient encore rien vu. » Florian aurait pu nous parler aussi de l'expérience de sa *carpe de Seine*. Il ne l'a pas fait ; mais comme il nous dépeint bien la sollicitude et la tendresse inquiète de cette bonne mère dans toutes les péripéties de sa fable! Et comme ce premier vers, qu'il lui met dans la bouche, est bien un cri du cœur !

> Prenez garde, mes fils! côtoyez moins le bord !

Le poète ne pouvait pas imaginer un début plus dramatique.

Nous sommes bien plus vivement touchés par l'avertissement maternel de la carpe, que par les réflexions un
peu froides que la Fontaine prêtera bientôt à l'hirondelle.

> Il arriva qu'au temps que la chanvre se sème,
> Elle vit un manant en couvrir maints sillons,
> « *Ceci ne me plaît pas*, dit-elle aux oisillons,
> *Je vous plains*; car, *pour moi*, dans ce péril extrême,
> *Je saurai m'éloigner ou vivre en quelque coin.*

Quand on compare les recommandations si pressantes
de la carpe avec les conseils que l'hirondelle donne aux
petits oiseaux, on ne peut s'empêcher de penser que les
vers de la Fontaine manquent de chaleur. L'oiseau semble
ne ressentir aucune crainte, aucune émotion un peu
vive.

> *Ceci ne me plaît pas,*

n'est certes pas un cri d'alarme ; et le mot suivant,

> *Je vous plains ;*

a été mille fois dit par des égoïstes qui croyaient avoir
ainsi payé leur dette à l'humanité. Mais ce qui rappelle le
« *suave mari magno...* » d'un poète qui passe pour avoir
été assez attaché à sa propre personne ; ce qui semble un
peu dur, ce sont les paroles qui suivent :

> ... *car, pour moi*, dans ce péril extrême,
> *Je saurai m'éloigner...*

La fin du vers n'est pas plus heureuse, et fait penser au
rat qui s'est retiré du monde :

> *ou vivre en quelque coin.*

On pourrait alléguer que l'hirondelle, en parlant ainsi,
a voulu prouver aux oisillons combien ses conseils
sont désintéressés. Quoi qu'il en soit, rien ne pourra
empêcher le lecteur de faire les rapprochements que

nous avons indiqués, et ces ressemblances sont certainement fâcheuses, puisqu'elles sont loin d'éveiller dans
l'esprit l'idée de la solidarité et du dévouement.

Après cette fin de vers un peu prosaïque :

> *... ou vivre en quelque coin.*

voici une expression des plus pittoresques :

> Voyez-vous cette main qui par les airs chemine,

c'est-à-dire la main de cet homme qui s'avance à travers les sillons en semant sa maudite graine. Quiconque
a vu ensemencer la terre, trouvera l'expression très
heureuse.

C'est ici que l'hirondelle commence à jouer le rôle
désagréable de la prophétesse Cassandre :

> Un jour viendra, *qui n'est pas loin,*
> Que ce qu'elle répand sera votre ruine.
> De là naîtront engins à vous envelopper
> Et lacets pour vous attraper ;
> Enfin, mainte et mainte machine
> Qui causera dans la saison
> Votre mort ou votre prison.

Et pour rendre son avertissement plus dramatique et
plus solennel, l'hirondelle spécifie et emploie le terme
propre :

> *Gare la cage ou le chaudron !*

Après une menace aussi saisissante, elle n'a plus qu'à
indiquer aux jeunes oiseaux le moyen d'éviter des maux
si cruels.

> C'est pourquoi, leur dit l'hirondelle,
> Mangez ce grain — et croyez-moi. »

c'est-à-dire ayez confiance dans les avis que je vous
donne, moi à qui une longue expérience permet de pré-
voir jusqu'aux moindres dangers.

Les oisillons, comme les carpillons et les enfants, n'ont

aucun respect pour les gens sages. Ils poussent l'irrévérence jusqu'à se rire de leur conseillère :

> Les oiseaux se moquèrent d'elle :

En effet, au lieu d'aller déterrer des grains enfouis
dans la terre, il leur était bien plus facile et plus agréable
de se nourrir de toutes les baies et de tous les fruits qui,
à ce moment de l'année, semblaient s'offrir à eux. Le
poète semble les justifier :

> Ils trouvaient aux champs *trop de quoi*.

c'est-à-dire, ils trouvaient dans la campagne *trop de
quoi se nourrir*. L'expression est familière.

L'hirondelle, si mal accueillie par les petits oiseaux,
ne se décourage pas plus que la carpe de Florian, et se
montre toujours pleine d'indulgence et de sollicitude.

> Quand la chenevière fut verte,
> L'hirondelle leur dit : « Arrachez brin à brin
>   Ce qu'a produit ce maudit grain,
>   Ou soyez sûrs de votre perte.

Les petits téméraires ne sont pas plus touchés de ce
second avertissement que du premier. Leur impatience
se traduit même par des expressions pleines d'irrévérence.

> Prophète de malheur ! babillarde ! dit-on
>   Le bel emploi que tu nous donnes !
>   Il nous faudroit mille *personnes*
>   Pour éplucher tout ce canton. »

Sans se laisser rebuter par ces propos malséants, et
touchée de compassion pour les petits imprudents qu'elle
voit courir à leur perte, l'hirondelle ajouta :

> ... « Ceci ne va pas bien,
> *Mauvaise graine est tôt venue.*

Les proverbes sont, dit-on, la sagesse des nations. Il y
a, dans les fables de la Fontaine, quantité de vers qui
ont été adoptés par la sagesse populaire. Après avoir

appuyé ses conseils de cette observation sentencieuse,
la conseillère continue :

> Mais puisque jusqu'ici l'on ne m'a crue en rien,
>   Dès que vous verrez que la terre
>   Sera *couverte*,

c'est-à-dire, qu'après avoir couvert leurs champs de cette
semence, comme il est dit plus haut, les laboureurs
auront ramené la terre avec la herse,

>   ... et qu'à leurs blés
>   Les gens n'étant plus occupés
>   Feront aux oisillons la guerre,
>   Quand reginglettes [1] et réseaux
>   Attraperont petits oiseaux,
>   Ne volez plus de place en place ;
> Demeurez au logis ou changez de climat.
> Imitez le canard, la grue ou la bécasse.

Le conseil de *changer de climat* était plus facile à
donner qu'à suivre.

L'hirondelle s'en aperçoit et ajoute :

>   Mais vous n'êtes pas en état
> De passer, comme nous, les déserts et les ondes,
>   Ni d'aller chercher d'autres mondes :
> C'est pourquoi vous n'avez *qu'un parti qui soit sûr.*

A quoi bon alors énumérer tous les autres avec cette
complaisance ? N'était-il pas plus simple de dire tout
de suite :

> C'est de vous renfermer aux trous de quelque mur.

Le poëte, en mettant dans la bouche de l'hirondelle des
conseils qu'elle-même est forcée de reconnaître imprati-
cables, semble malheureusement excuser l'impatience des
petits oiseaux. Les avertissements de la carpe sont plus
sobres, plus pressants, et témoignent d'une anxiété bien
plus vive, sinon plus profitable.

> Les oisillons, las de l'entendre,

---

1. Les reginglettes sont des piéges pour prendre les petits oiseaux.

Se mirent à jaser aussi confusément
Que faisoient les Troyens quand le pauvre Cassandre
Ouvroit la bouche seulement.

Mais les oisillons, comme les Troyens, furent victimes de leur étourderie.

Il en prit,

c'est-à-dire, il en arriva

... aux uns comme aux autres :
Maint oisillon se vit esclave retenu,

comme tant de Troyens et de Troyennes qui passèrent le reste de leur vie dans la servitude. Encore les oisillons sont-ils trop heureux que le poète les sauve de ce fatal *chaudron* dont il les avait menacés d'abord !

Et la Fontaine termine son apologue par cette morale :

Nous n'écoutons d'instincts que ceux qui sont les nôtres,

Et, pareils aux oisillons qui n'avaient pas voulu se montrer dociles aux conseils d'un oiseau plus expérimenté, nous

... ne croyons le mal

c'est-à-dire, nous ne croyons au danger qui nous menace, au malheur qui nous attend

... que quand il est venu.

La morale de Florian est plus familière et fait plus d'impression sur l'esprit des enfants.

Pourquoi quittaient-ils la rivière ?...
C'est qu'on se croit toujours plus sage que sa mère.

En résumé, si la fable de la Fontaine passe avec raison pour un de ses chefs-d'œuvre, Florian, en marchant sur les traces de son devancier, nous semble s'être placé bien près de son modèle, et plus d'un lecteur pensera peut-être que la carpe a des accents plus émus et plus touchants que l'hirondelle.

VI. — Le loup et l'agneau.

La raison du plus fort est toujours la meilleure :
Nous l'allons montrer tout à l'heure.

Un agneau se désaltéroit
Dans le courant d'une onde pure.
Un loup survient à jeun, qui cherchoit aventure,
Et que la faim en ces lieux attiroit.
« Qui te rend si hardi de troubler mon breuvage?
Dit cet animal plein de rage :
Tu seras châtié de ta témérité.
— Sire, répond l'agneau, que votre majesté
Ne se mette pas en colère ;
Mais plutôt qu'elle considère
Que je me vas désaltérant
Dans le courant,
Plus de vingt pas au-dessous d'elle ;
Et que, par conséquent, en aucune façon,
Je ne puis troubler sa boisson.
— Tu la troubles! reprit cette bête cruelle ;
Et je sais que de moi tu médis l'an passé.
— Comment l'aurois-je fait si je n'étois pas né ?
Reprit l'agneau ; je tette encore ma mère. —
Si ce n'est toi, c'est donc ton frère. —
Je n'en ai point. — C'est donc quelqu'un des tiens ;
Car vous ne m'épargnez guère,
Vous, vos bergers et vos chiens.
On me l'a dit : il faut que je me venge. »
Là-dessus, au fond des forêts
Le loup l'emporte, et puis le mange,
Sans autre forme de procès.

ANALYSE.

Quelques critiques ont pensé qu'en écrivant ce vers :

La raison du plus fort est toujours la *meilleure*

la Fontaine s'est tout simplement proposé de démontrer

que « le plus fort finit toujours par avoir raison, » grâce
aux *solides arguments* dont il dispose.

A notre avis, la Fontaine n'aurait pas fait une fable
pour prouver que « *le plus fort triomphe toujours du plus
faible.* » Cela va de soi, sans démonstration.

Lorsque Prométhée, enchaîné sur le rocher du Caucase,
annonce à Jupiter la prochaine décadence de son Olympe,
le dieu irrité saisit son arme terrible. Prométhée lui crie
alors : « Tu prends ta foudre, Jupiter, donc tu as tort ! »
En effet, celui qui a recours à la force, montre par cela
même qu'il n'a pas pour lui le droit ; et c'est précisément ce que la Fontaine a voulu exposer en disant, sous
une forme *ironique,* que la raison du plus fort est toujours la *meilleure.* Aussi, dans la fable tout entière, il
s'attache à mettre dans la bouche du loup les raisons les
plus pitoyables, les *plus mauvaises,* tandis que l'agneau
oppose aux accusations du loup les raisons les plus pé-
remptoires.

Cette intention ironique est surtout manifeste dans le
second vers :

> Nous l'allons montrer *tout à l'heure,*

où *tout à l'heure* est pris dans son vrai sens : immédiatement, sur-le-champ.

> Un agneau se désaltéroit
> Dans le courant d'une *onde pure.*

Remarquez ce mot *onde,* une des rares expressions
qui soient du domaine propre de la poésie.

> Un loup survient *à jeun...*

Cette arrivée inopinée d'un loup, et surtout d'un loup *à
jeun,* fait trembler pour l'agneau.

L'effroi redouble encore quand on lit

> qui cherchait *aventure,*

c'est-à-dire une bonne occasion d'assouvir sa glouton-
nerie,

Et que *la faim* en ces lieux attiroit,

Le début de la conversation est digne du personnage.

Qui te rend si hardi de troubler mon breuvage?
Dit cet animal plein de rage;
Tu seras châtié de ta témérité.

Voilà la force brutale qui s'annonce; mais elle a mal calculé; l'accusation ne repose sur rien! Phèdre, le prédécesseur de la Fontaine, avait dit tout d'abord : « le loup était *plus près de la source; l'agneau était beaucoup plus bas.* »

La Fontaine met dans la bouche de l'agneau ces indications qui font mieux ressortir l'injustice du loup.

Sire, répond l'agneau, que *Votre Majesté*
Ne se mette point en colère;

Est-il possible de se montrer plus humble que l'agneau? Il traite le loup de Majesté; il lui parle comme s'il était le lion, roi des animaux ; il s'excuse d'oser lui opposer une objection irréfutable.

Mais plutôt qu'elle considère
Que je me vas désaltérant
Dans le courant
Plus de vingt pas au-dessous d'elle,
Et que, par conséquent, en aucune façon,
Je ne puis troubler sa boisson.

L'argument est sans réplique. Aussi, comment le loup répond-il? avec brutalité.

Tu la troubles! reprit cette bête cruelle;

Mais il sent bien qu'il a tort, *et que la raison du plus fort n'est point à beaucoup près la meilleure.* Il cherche donc un autre grief.

Et *je sais* que de moi tu médis *l'an passé,*

Malheureusement, cette raison est encore plus mauvaise, s'il est possible, que la précédente :

> Comment l'aurois-je fait si je n'étois pas né?
> Reprit l'agneau; je tette encor ma mère.

Que répondre à cette justification?

> Si ce n'est toi, c'est donc ton frère!

ajoute le loup, toujours en quête d'une raison qui lui
permette de dévorer l'agneau avec quelque semblant de
justice.

— Hélas! Il se trompe encore!

> Je n'en ai point!

Exaspéré par ces méprises successives, furieux d'être
toujours pris en défaut et de ne trouver *aucune bonne
raison*, le loup continue, sans permettre à l'agneau de
répondre :

> — C'est donc quelqu'un des tiens;
> Car vous ne m'épargnez guère,
> Vous, vos bergers et vos chiens.

Comme si les bergers, les chiens et les moutons avaient
pour devoir de se laisser dévorer par le loup! Mais voici
la plus mauvaise raison, celle par laquelle les gens de
mauvaise foi et à court de bons arguments, terminent
leurs contestations :

> On me l'a dit!

Qui l'a dit? — ON, c'est-à-dire, *tout le monde* ou *personne.*

> Il faut que je me venge.

Voilà ce qu'il voulait; il ne cache plus son intention,
et pourtant il veut encore faire passer sa vengeance
pour légitime. Mais personne n'en est dupe.

Là-dessus, sans permettre à l'agneau de lui adresser encore une de ces répliques qui l'avaient déjà confondu,

> ... au fond des forêts,

le crime a besoin du mystère de la solitude, il craint le grand jour.

> Le loup l'emporte et puis le mange
> Sans autre forme de procès.

C'est-à-dire, sans plus de *formalités*, sans examiner plus longtemps s'il était innocent ou coupable, et terminant brusquement l'espèce de procès qu'il faisait à l'agneau pour lui prouver qu'il méritait la mort.

Le peuple a aussi son ironie, non moins sanglante que le premier vers de cette fable. Quand il est témoin de quelque violence, de quelque oppression tyrannique, il s'écrie, dans son langage naïf :

> C'est *le lapin* qui a commencé !

VII. — Le chêne et le roseau.

Le chêne, un jour, dit au roseau :
« Vous avez bien sujet d'accuser la nature ;
Un roitelet pour vous est un pesant fardeau ;
    Le moindre vent qui d'aventure
    Fait rider la face de l'eau
    Vous oblige à baisser la tête ;
Cependant que mon front, au Caucase pareil,
Non content d'arrêter les rayons du soleil,
    Brave l'effort de la tempête.
Tout vous est aquilon, tout me semble zéphyr.
Encor si vous naissiez à l'abri du feuillage
    Dont je couvre le voisinage,
    Vous n'auriez pas tant à souffrir ;
    Je vous défendrois de l'orage ;
    Mais vous naissez le plus souvent
Sur les humides bords des royaumes du vent.
La nature envers vous me semble bien injuste.
— Votre compassion, lui répondit l'arbuste,
Part d'un bon naturel ; mais quittez ce souci :
Les vents me sont moins qu'à vous redoutables ;
Je plie, et ne romps pas. Vous avez jusqu'ici
    Contre leurs coups épouvantables
    Résisté sans courber le dos ;
Mais attendons la fin. » Comme il disoit ces mots,
Du bout de l'horizon accourt avec furie
    Le plus terrible des enfants
Que le Nord eût portés jusque-là dans ses flancs.
    L'arbre tient bon ; le roseau plie.
    Le vent redouble ses efforts,
    Et fait si bien qu'il déracine
Celui de qui la tête au ciel étoit voisine,
Et dont les pieds touchoient à l'empire des morts.

ANALYSE.

Tous les commentateurs se sont accordés à reconnaître
que la fable du *Chêne et du Roseau* est un des plus beaux
apologues de la Fontaine, et Champfort, qui s'est parfois

montré très difficile, déclare qu'il n'en connaît pas de plus parfait. Pour que le lecteur se rende un compte plus exact de ce qui, dans cette fable, appartient au fabuliste français, nous allons lui mettre sous les yeux le *modèle* qu'a *imité* la Fontaine : nous voulons parler de la fable d'Esope qui est intitulée « *le Roseau et l'Olivier,* » et dont voici la traduction littérale.

Le roseau et l'olivier.

« Un roseau et un olivier se disputaient au sujet de leur patience, de leur force et de leur sécurité. Le roseau, insulté par l'olivier comme étant sans force et cédant facilement à tous les vents, ne répondit rien. Et ayant attendu un peu de temps, comme un vent violent se mit à souffler, le roseau, agité et courbé par la tempête, échappa facilement; mais l'olivier, s'étant raidi contre le vent, fut mis en pièces par la violence de son souffle.

Morale. — Cette fable montre que les hommes qui cèdent aux circonstances et aux plus puissants qu'eux, sont plus forts que ceux qui aiment à s'attaquer à de plus grands. »

A la nudité de cette narration froide et incolore, notre poète a substitué un petit drame, où les personnages se dépeignent eux-mêmes dans leurs propres discours. il n'y a point ajouté de moralité, parce que le contraste que présentent l'orgueil du chêne et la modestie du roseau, est tellement frappant; le châtiment de l'un et la sécurité de l'autre, au milieu de la plus affreuse tempête, offrent une leçon si claire et si saisissante, que les intelligences les moins vives tirent tout spontanément de la fable l'enseignement qu'elle renferme.

Remarquons tout d'abord que la Fontaine a remplacé l'*olivier* du fabuliste grec, qui est considéré comme l'emblème de la *paix,* par le *chêne,* qui est dans tous les pays le symbole de la *force,* de sorte que le contraste est bien plus frappant, et nous prépare beaucoup mieux à tirer la morale de la fable. Le chêne est le roi des arbres de nos forêts; il était, dans l'antiquité, consacré au roi des

dicux, Jupiter; c'était aussi l'arbre sacré des Druides.
Si le vent ne le respecte pas, quel arbre pourrait se flatter
d'échapper aux coups de la tempête? Et cependant, tandis que ce *personnage* tout-puissant va être déraciné par
l'aquilon, un pauvre petit roseau, grâce à son humilité
et à la facilité même avec laquelle *il plie,* aura la vie
sauve !

La Fontaine ne pouvait mieux choisir ses personnages
pour représenter deux hommes placés aux deux extrémités de l'échelle sociale. Voyons maintenant avec quel
art il leur fait tenir le langage qui convient à leur position.

L'apologue commence tout simplement, sur le ton de
la narration.

> Le chêne, un jour, dit au roseau :
> Vous avez bien sujet d'accuser la nature.

Dès les premiers mots, vous voyez percer ce ton de commisération dédaigneuse avec laquelle les grands semblent
s'apitoyer sur les imperfections ou sur les malheurs d'autrui, mais qui n'insistent sur ces faiblesses ou sur ces
infortunes que pour mieux faire valoir leur supériorité.
Le chêne veut bien abaisser sa grandeur jusqu'à adresser
familièrement la parole à un simple petit roseau, et son
langage, quand il parle de ce chétif arbuste, daigne
aussi devenir familier :

> Vous avez bien sujet...

En un seul vers, il lui fait sentir toute sa faiblesse
dans cette image si vraie :

> Un roitelet, pour vous, est un pesant fardeau ;

et naturellement, il complète tout bas le tableau en se
disant : « tandis que les aigles et les plus gros oiseaux
ne sauraient faire plier la plus petite de mes branches. »
Mais il n'a pas encore poussé assez loin l'humiliation dont sa pitié dédaigneuse est remplie : il va main-

tenant faire sentir au roseau toute son infériorité dans
les vers suivants :

> Le moindre vent qui d'*aventure*

c'est-à-dire, par hasard, sans qu'on s'y attende, au milieu de l'atmosphère sereine d'un beau jour,

> Fait *rider la face* de l'eau

c'est-à-dire, souffle si doucement que la surface de l'eau
se plisse à peine. Mais comme le langage de la Fontaine
est plus poétique ! Remarquez ces mots : *rider la face*,
qui dépeignent si bien l'effet que produit un vent léger
sur une eau dormante.

> Vous *oblige* à baisser la tête ;

Voilà donc la faiblesse du roseau parfaitement dé-
crite. Le chêne n'a épargné aucun détail. Mais ce serait
trop peu que d'avoir ainsi abaissé son interlocuteur ; sa
vanité ne serait pas satisfaite, si à ce tableau des imperfections du roseau, il n'opposait pas la peinture de
sa grandeur. Nous allons voir le langage du poète s'é-
lever à la plus grande magnificence lorsqu'il nous parlera
de la puissance du chêne.

> Cependant que mon front au Caucase pareil

c'est-à-dire, pendant ce temps que, *tandis que* mon *front...*
Le chêne se transfigure ; il devient réellement un homme,
ou plutôt un de ces titans gigantesques dont la taille,
qu'une hyperbole hardie nous montre *aussi haute que le
Caucase*, faisait trembler Jupiter lui-même !
Le chêne est plus puissant que le dieu du jour !

> Non content d'arrêter les rayons du soleil,

et il porte un défi audacieux à la violence de l'aquilon :

> Brave l'*effort* de la tempête.

Dans ce magnifique tableau, tout plein de réminis-
cences des poètes classiques qu'il avait sans cesse sous
les yeux, la Fontaine les surpasse tous par l'énergie ou
le pittoresque de l'expression. Nous le verrons s'élever
plus haut encore dans le tableau dramatique qui finit ce
petit poème.

Le chêne, après avoir fait un tableau si pompeux de sa
puissance, montre toute la distance qui le sépare du roseau dans l'antithèse que présente ce petit vers :

> Tout vous est aquilon..,

c'est-à-dire, les déplacements les plus légers de l'air
sont, pour vous, aussi violents que l'aquilon : vous vous
courbez sans cesse au moindre souffle ; tandis que

> tout me semble zéphyr,

Les vents les plus impétueux ne me font pas plier et me
semblent aussi impuissants que la brise la plus douce.

Les grands ne font jamais mieux sentir aux humbles
leur infériorité, qu'en leur offrant de les protéger : le
chêne *plaint* le roseau de n'être pas né à l'abri.de son
feuillage, et rien n'égale le naturel du langage que lui
prête le fabuliste.

> Encor, si vous naissiez à l'abri du feuillage
> Dont je couvre le voisinage,
> Vous n'auriez pas tant à souffrir ;
> Je vous défendrois de l'orage.

Vous croyez voir et entendre un grand seigneur qui
couvre de sa protection tout ce qui l'entoure. Le feuillage
du chêne semble prendre des proportions démesurées.
Notons en passant que l'on dit en prose, défendre *contre*.
L'expression de la Fontaine est toute latine.

Puis, le chêne reprend le ton de commisération qu'il
avait au commencement de son discours :

> Mais vous naissez le plus souvent
> Sur les humides bords des royaumes du vent.

Remarquez cette périphrase pompeuse qui signifie, en prose vulgaire, *sur le bord de l'eau.* C'est ainsi que les poètes relèvent, par le pittoresque de leurs images, les idées les plus simples et les plus communes.

Enfin, le chêne termine, comme il avait commencé, en revenant sur l'injustice de la nature :

> La nature envers vous me semble bien injuste.

A cette fausse pitié, à cette compassion méprisante, le roseau, qui est humble, mais qui ne manque pas d'*esprit* naturel, répond avec une ironie que semble n'avoir pas comprise Champfort : car il est impossible d'admettre avec lui que le roseau soit surtout frappé « *de la bonté que le chêne a montrée,* et avec laquelle *il a rendu aimable* le sentiment de sa supériorité. » Non, non ! le roseau n'est pas si sot ! A la présomption et à la vanité du grand personnage, il répond par l'ironie ; mais cette ironie est tellement habile qu'elle se déguise ; les faibles d'ailleurs, nous le savons bien tous, ne peuvent point se moquer tout haut de l'outrecuidance des puissants.

> Votre *compassion,* lui répondit l'arbuste,
> Part d'un bon naturel...

Le roseau pourrait-il croire que c'est une bonté réelle qui a inspiré au chêne une pitié si dédaigneuse ! Voyez au contraire avec quelle finesse il répond à toutes les vanteries de son interlocuteur :

> Mais quittez ce souci.

c'est-à-dire, que votre âme ne se tourmente pas tant au sujet de ma sécurité. Je n'ai que faire de votre protection !

> Les vents me sont moins qu'à vous redoutables.

Et il le prouve :

> Je plie, et ne romps pas !

Non content de se mettre en parallèle avec le chêne,

il ose même se dire supérieur à lui ; et enfin il lui
adresse avec fierté, cet avertissement qui est tout plein
de menaces :

> Vous avez jusqu'ici
> Contre leurs coups épouvantables
> Résisté sans courber le dos ;
> Mais attendons la fin !

(Notons encore en passant ce latinisme « résister
contre » que l'on aperçoit à peine, grâce à la disposition
des vers.)

La fin ne se fait pas attendre, et le châtiment n'arrive
point ici avec cette allure boiteuse et lente que lui ont
prêtée les poètes.

> ... Comme il disoit ces mots,
> Du bout de l'horizon accourt avec furie
> Le plus terrible des enfants
> Que le Nord eût porté jusque-là dans ses flancs.

Tout prend un corps et se personnifie dans l'imagination des poètes. Le *Nord* devient le père des *vents* furieux et des tempêtes. On sait que l'aquilon est le vent
du nord. Pour mieux sentir la magnificence du langage
de la Fontaine, traduisez en simple prose les trois vers
qui précèdent : « aussitôt s'élève du nord un vent terrible, » voilà, si j'ose dire, la pensée toute nue :
lisez la Fontaine, et voyez comme les idées les plus
abstraites semblent prendre un corps, s'animer et vivre !
Le *nord,* cette conception géographique, devient une
divinité qui porte les tempêtes dans ses flancs.

Voilà nos deux personnages aux prises avec ce terrible
ennemi. Un seul vers nous montre, comme dans un petit
tableau, l'attitude toute différente qu'ils gardent en se
défendant contre la tempête.

> L'arbre *tient bon* ; le roseau *plie.*

Tient bon, qui semblerait ailleurs très familier, est ici
plein d'énergie.

Ecoutez maintenant ; la rafale recommence et entraîne le dénouement.

> Le vent redouble ses efforts
> Et fait si bien qu'il déracine
> Celui de qui *la tête* au ciel étoit voisine
> Et dont *les pieds* touchoient à l'empire des morts.

Le chêne est personnifié jusqu'à la fin de la fable : il
a une tête, il a des pieds. Au milieu de la magnificence
de ce tableau final, on ose à peine noter ce latinisme
« *au ciel* était voisine. » L'image que contiennent les
deux derniers vers a été empruntée à Virgile. Racan l'a-
vait déjà traduite avant la Fontaine, en parlant d'un
chêne qui

> *Attache* dans l'enfer ses *fécondes* racines
> Et de ses *larges bras* touche le firmament.

Les racines des chênes sont plutôt *puissantes* que *fé-
condes ;* et c'est plutôt de leur *cime élevée* que de leurs
larges bras que ces arbres touchent le ciel.

Voltaire a dit aussi en parlant des Alpes :

> Ces monts sourcilleux
> Qui *pressent* les enfers et qui *fendent* les cieux.

Pressent est bien faible, et *fendent* n'est pas le terme
propre. La Fontaine, au contraire, est ici supérieur à
Virgile lui-même !

A ceux qui regretteraient que notre poète n'ait pas
écrit la morale de cette fable, nous conseillerons de lire
le *Combat des Rats et des Belettes.*

Ils y verront que la médiocrité est encore la meilleure
garantie de notre sécurité et de notre bonheur.

VIII. — La mouche et la fourmi.

La mouche et la fourmi contestoient de leur prix.
    « O Jupiter! dit la première,
Faut-il que l'amour-propre aveugle les esprits
     D'une si terrible manière,
      Qu'un vil et rampant animal'
A la fille de l'air ose se dire égal!
Je hante les palais, je m'assieds à ta table :
Si l'on t'immole un bœuf, j'en goûte devant toi;
Pendant que celle-ci, chétive et misérable,
Vit trois jours d'un fétu qu'elle a traîné chez soi.
     Mais, ma mignonne, dites-moi,
Vous campez-vous jamais sur la tête d'un roi,
     D'un empereur, ou d'une belle?
Je rehausse d'un teint la blancheur naturelle;
Et la dernière main que met à sa beauté
      Une femme allant en conquête,
C'est un ajustement des mouches emprunté.
     Puis allez-moi rompre la tête
      De vos greniers! — Avez-vous dit?
      Lui répliqua la ménagère.
Vous hantez les palais; mais on vous y maudit.
     Et quant à goûter la première
     De ce qu'on sert devant les dieux,
     Croyez-vous qu'il en vaille mieux?
Si vous entrez partout, aussi font les profanes
Sur la tête des rois et sur celle des ânes
Vous allez vous planter, je n'en disconviens pas;
     Et je sais que d'un prompt trépas
Cette importunité bien souvent est punie.
Certain ajustement, dites-vous, rend jolie;
J'en conviens : il est noir ainsi que vous et moi.
Je veux qu'il ait nom mouche : est-ce un sujet pourquoi
     Vous fassiez sonner vos mérites?
Nomme-t-on pas aussi mouches les parasites?
Cessez donc de tenir un langage si vain :
     N'ayez plus ces hautes pensées.
     Les mouches de cour sont chassées;
Les mouchards sont pendus : et vous mourrez de faim,

De froid, de langueur, de misère,
Quand Phébus régnera sur un autre hémisphère.
Alors je jouirai du fruit de mes travaux :
Je n'irai, par monts ni par vaux,
M'exposer au vent, à la pluie ;
Je vivrai sans mélancolie :
Le soin que j'aurai pris de soin m'exemptera.
Je vous enseignerai par là
Ce que c'est qu'une fausse ou véritable gloire.
Adieu ; je perds le temps : laissez-moi travailler ;
Ni mon grenier, ni mon armoire,
Ne se remplit à babiller. »

ANALYSE.

Dans l'apologue qui est intitulé « *Le chêne et le roseau* », la Fontaine avait opposé à l'orgueil et à la commisération dédaigneuse d'un grand personnage l'humilité et la noble fierté d'un homme simple et modeste, que sa condition met à l'abri de ces coups inattendus qui frappent et renversent les fortunes en apparence les mieux établies.

Dans cette fable, le chêne est altier : mais du moins il a quelque raison de se glorifier de sa force, puisqu'il est le plus robuste et le plus beau des arbres de nos contrées ; son orgueil est fondé sur des avantages réels. Au contraire, dans l'apologue que nous allons analyser, la mouche se vante de mérites purement imaginaires. La supériorité qu'elle prétend avoir sur la fourmi est tout à fait contestable. Aussi, tandis que le langage du chêne, tout orgueilleux qu'il est, ne s'écarte jamais des convenances qui s'imposent à un grand personnage, la mouche parle la langue des gens vaniteux et grossiers, et ne ménage pas à la fourmi les épithètes malsonnantes. Autant le discours du chêne est élevé, sublime même, par exemple dans ces vers :

Cependant que mon front au Caucase pareil
Non content d'arrêter les rayons du soleil
Brave l'effort de la tempête

autant le langage de la mouche est bas et trivial.
L'exposition tient tout entière dans le premier vers :

> La mouche et la fourmi *contestoient* de leur prix.

c'est-à-dire que chacune de son côté prétendait valoir plus
que sa rivale. La mouche, tout indignée des prétentions
d'un si « *vil* » animal, commence son discours par une
exclamation qui peint très bien son orgueil. Elle prend
à témoin le roi des dieux !

> O Jupiter ! dit la première,
> Faut-il que l'amour-propre *aveugle* les esprits
> D'une si *terrible* manière.

Voilà déjà une impertinence. Le monde est plein de
gens que leur vanité aveugle sur leurs nombreux défauts
et qui accusent les gens les plus clairvoyants de ne pas
y voir. Remarquez cette épithète « terrible » qui rappelle
les exagérations de langage que Molière a mises dans la
bouche des *Précieuses ridicules*.

De l'exagération on passe fatalement à l'insulte. La
mouche ne ménage pas les invectives à la fourmi, ce qui
est le propre de gens faibles et mal élevés.

> Qu'un *vil* et *rampant* animal
> *A la fille de l'air* ose se dire égal.

C'eût été trop peu cependant d'humilier la fourmi par
de dures épithètes; il fallait encore que la mouche se
glorifiât elle-même : *à la fille de l'air*, est une métaphore
qui satisfait ce second besoin de sa vanité.

Elle commence ensuite l'énumération de tous ses pré-
tendus avantages :

> Je hante les palais, je m'assieds à ta table ;
> Si l'on t'immole un bœuf, j'en goûte *devant toi*

c'est-à-dire, *avant que toi-même, tout dieu que tu es, tu
en aies mangé*, comme le montrent bien les vers suivants,
tirés de la réplique de la fourmi :

Et quant à goûter *la première*
De ce qu'on sert *devant les dieux.*

La mouche a de nouveau recours aux injures :

Pendant que celle-ci, *chétive et misérable,*
Vit trois jours d'un fétu qu'elle a traîné chez soi.

Combien cette commisération diffère de celle qu'exprime
le chêne dans ces vers :

Encor si vous naissiez à l'abri du feuillage,
Dont je couvre le voisinage, etc...

Des injures, elle passe ensuite à l'ironie, qu'elle rend
encore plus mordante en empruntant le langage de la
familiarité.

Mais, *ma mignonne,* dites-moi :
Vous *campez*-vous jamais sur la tête d'un roi,
D'un empereur ou d'une belle ?
Je rehausse d'un teint la blancheur naturelle,
Et la *dernière main* que met à sa beauté
Une femme allant en conquête
C'est un ajustement des mouches emprunté.

Le lecteur sent tout ce qu'il y a de dédaigneux dans ces
deux mots « *ma mignonne* » et ce qu'il y a de trivial dans
cette expression : « *Vous campez-vous?* » Quant à ce vers :
« *Et la dernière main,* etc.... » il signifie : et le dernier,
c'est-à-dire le plus grand attrait *que la main* d'une jolie
femme ajoute à sa beauté... Mais le tour qu'a employé
la Fontaine est bien plus vif et plus précis que notre
longue périphrase. Cet ajustement, *des mouches emprunté,*
s'appelait une mouche, et consistait dans un petit rond
de taffetas noir que les femmes se collaient sur le visage
pour faire mieux ressortir la blancheur de leur teint.

La mouche termine sa harangue par une nouvelle exclama-
mation où éclatent plus vivement encore son orgueil et
son dédain :

Puis...

c'est-à-dire, après avoir entendu l'exposition de tous ces

privilèges qui établissent sans contredit ma supériorité...

> *Allez-moi* rompre la tête
> De vos greniers !....

La fourmi avait écouté, sans l'interrompre, le déve-
loppement de celte harangue. Mais cette dernière injure,
formulée dans un langage si trivial, va droit au cœur de
la *ménagère* en attaquant son esprit d'ordre et d'économie,
c'est-à-dire, les qualités qui la font si souvent proposer
pour modèle. Sa patience est à bout, et elle interrompt
sa rivale.

> — Avez-vous dit?

c'est-à-dire, avez-vous enfin terminé votre interminable
réquisitoire?

> Lui répliqua la ménagère.

Et, dans un langage indigné, mais contenu, et tel qu'il
sied quand on s'adresse à des gens de mauvaise compagnie, elle va réfuter tous les arguments à l'aide desquels
la mouche prétendait établir sa supériorité.

> Vous *hantez* les palais, — *mais on vous y maudit.*

Hantez est un mot dont l'origine est inconnue et qui
signifie *fréquenter*, comme dans ce proverbe : « Dis-moi
qui tu *hantes*, et je te dirai qui tu es. »

> Et quant à goûter la première
> De ce qu'on sert devant les dieux,
> Croyez-vous qu'il en vaille mieux !

c'est-à-dire, croyez-vous que cela *vaille* ou *aille* mieux
pour vous, *que vous en valiez davantage?*
La fourmi continue sa réfutation :

> Si vous entrez partout, *aussi* font les profanes.

c'est-à-dire, les *profanes,* ceux qui ne sont *point de la
maison, le font aussi,* y entrent aussi.

Elle croit pouvoir se permettre aussi une petite méchanceté pour répondre à toutes celles que lui a adressées la mouche :

> Sur la tête des rois et *sur celle des ânes*,
> Vous allez *vous planter*, je n'en *disconviens pas*.

Il y a beaucoup de malice dans cette concession qu'elle fait, en ces termes, à sa rivale : concession facile d'ailleurs, puisqu'elle est suivie de l'annonce d'un châtiment.

> Et je sais que *d'un prompt trépas*
> Cette importunité bien souvent est punie.

Remarquez en passant cette expression poétique, *trépas*, qui donne de la noblesse au langage de la fourmi.

Enfin, la punition de la mouche serait incomplète si sa rivale ne lui rendait ironie pour ironie.

> *Certain* ajustement, *dites-vous*, rend jolie ;
> J'en conviens : il est noir ainsi que vous et moi.
> Je veux qu'il ait nom mouche : est-ce un sujet pour quoi
> Vous *fassiez sonner* vos mérites ?
> Nomme-t-on pas aussi mouches les parasites ?

Il faudrait s'arrêter sur chaque mot dans ces cinq vers ; car il y a, dans chacun d'eux, une intention malicieuse. Ainsi, *certain* rabaisse *ajustement*, — *dites-vous* est ironique : vous le dites, mais on est libre de ne pas vous croire. — *J'en conviens* est une nouvelle ironie, comme le montre ce qui suit : *il est noir*, voilà tout son mérite ; il est noir comme vous ; mais il ne vous ressemble pas plus qu'à moi, qui suis *noire* aussi. — *Je veux*, c'est-à-dire, *je veux bien*, j'admets : c'est une nouvelle concession : mais si la mouche s'enorgueillit de cette ressemblance de nom, si elle en profite pour en *faire sonner* ses mérites et *étourdir* les oreilles, il faudra bien aussi qu'elle reçoive les parasites, c'est-à-dire ceux qui vivent aux dépens d'autrui, et les mouchards eux-mêmes, dans sa parenté !

La fourmi ne se contente pas de rabaisser l'orgueil-

leuse vanité de la mouche en lui prouvant combien elle
a peu sujet d'être fière ; elle lui donne encore des conseils
qui sont pour elle la plus dure humiliation : car rien ne
nous blesse tant que de recevoir des leçons de ceux que
nous regardons comme nos inférieurs. On peut rapprocher
de la réponse que le roseau adresse au chêne, les vers
qui suivent :

> Cessez donc de tenir un langage si vain,
>   N'ayez plus ces hautes pensées :
>   Les mouches de cour sont chassées ;
> Les mouchards sont pendus, et vous mourrez de faim,
>   De froid, de langueur, de misère,
> Quand Phébus régnera sur un autre hémisphère.

c'est-à-dire quand le soleil échauffera de ses rayons *l'autre*
hémisphère, celui qui est opposé au nôtre, où régnera
l'hiver.

Et elle termine en opposant à la vie agitée et hasar-
deuse de la mouche, son existence assurée par l'économie
et la prévoyance, sa sécurité et son bonheur :

> Alors je jouirai du fruit de mes travaux,
>   Je n'irai par monts, ni par vaux,
>   M'exposer aux vents, à la pluie ;
>   Je vivrai sans mélancolie,
> Le *soin* que j'aurai pris de *soin* m'exemptera.

c'est-à-dire le *souci* que j'aurai eu d'assurer mon existence, m'exemptera de tout *souci*, de toute inquiétude.
La Fontaine a dit de même :

> Eh bien ! défendez-vous au sage
> De se donner des *soins* pour le plaisir d'autrui ?
>   (*Le vieillard et les trois jeunes hommes.*)

La morale de la fable est contenue dans les vers suivants :

> Je vous enseignerai par là
> Ce que c'est qu'une fausse ou véritable gloire.

c'est-à-dire quelle différence il y a entre la vraie gloire,

celle que l'on acquiert par un mérite, une valeur réelle,
et celle qui ne repose sur rien.

Le discours de la fourmi est assez long ; elle est fâchée
d'avoir perdu un temps si précieux ; elle quitte brusquement la mouche, et lui dit :

Adieu ; je perds le temps, laissez-moi travailler ;
   Ni mon grenier, ni mon armoire
   Ne se remplit à babiller.

Dernière leçon que nous nous permettrons de recommander aux élèves dissipés. Ils pourront encore en tirer
d'autres de la lecture de cette fable; mais nous les avons
suffisamment indiquées, et nous aimons mieux renvoyer
nos jeunes lecteurs à la Fontaine lui-même.

IX. — L'avare qui a perdu son trésor.

L'usage seulement fait la possession.
Je demande à ces gens de qui la passion
Est d'entasser toujours, mettre somme sur somme,
Quel avantage ils ont que n'ait pas un autre homme.
Diogène là-bas est aussi riche qu'eux,
Et l'avare ici-haut comme lui vit en gueux.
L'homme au trésor caché, qu'Esope nous propose,
     Servira d'exemple à la chose.

     Ce malheureux attendoit
Pour jouir de son bien une seconde vie ;
Ne possédoit pas l'or, mais l'or le possédoit.
Il avoit dans la terre une somme enfouie,
     Son cœur avec, n'ayant d'autre déduit,
     Que d'y ruminer jour et nuit,
Et rendre sa chevance à lui-même sacrée.
Qu'il allât ou qu'il vînt, qu'il bût ou qu'il mangeât,
On l'eût pris de bien court, à moins qu'il ne songeât
A l'endroit où gisait cette somme enterrée.
Il y fit tant de tours qu'un fossoyeur le vit,
Se douta du dépôt, l'enleva sans rien dire.
Notre avare un beau jour ne trouva que le nid.
Voilà mon homme aux pleurs : il gémit, il soupire,
     Il se tourmente, il se déchire.
Un passant lui demande à quel sujet ses cris. —
     « C'est mon trésor que l'on m'a pris. —
Votre trésor ! où pris ? — Tout joignant cette pierre.
     — Eh ! sommes-nous en temps de guerre
Pour l'apporter si loin ? N'eussiez-vous pas mieux fait
De le laisser chez vous en votre cabinet,
     Que de le changer de demeure ?
Vous auriez pu sans peine y puiser à toute heure. —
A toute heure, bons dieux ! ne tient-il qu'à cela ?
     L'argent vient-il comme il s'en va ?
Je n'y touchois jamais. — Dites-moi donc, de grâce,
Reprit l'autre, pourquoi vous vous affligez tant ;
Puisque vous ne touchiez jamais à cet argent,
     Mettez une pierre à la place ;
     Elle vous vaudra tout autant. »

ANALYSE.

L'avarice est certainement un des vices les plus odieux à l'humanité, parce qu'elle est la forme la plus révoltante de l'égoïsme. Vivre uniquement pour soi, ne penser qu'à soi, rapporter tout à soi, et craindre par-dessus tout de distraire une parcelle de son bien dans l'intérêt d'autrui, tels sont les principaux caractères auxquels se reconnaît cette passion dégradante.

Molière, ce grand moraliste, a flétri l'avarice dans une de ses meilleures comédies, où nous voyons un père sacrifiant à la soif de l'or sa propre dignité et la dignité de sa famille. Esope, avec la sobriété qui caractérise ses fables, avait aussi condamné l'avarice en montrant qu'elle n'est qu'une duperie dont l'avare est la première victime. Amassons des richesses, soyons très économes, fort bien ; mais à la condition que cette épargne sera généreusement consacrée au soulagement des misères d'autrui ! On n'a du plaisir à acquérir de la fortune que si l'on se propose de la faire servir à l'assistance de ceux qui réclament notre appui.

Voici la traduction littérale de la fable d'Esope :

« Un avare, ayant converti en or tout ce qu'il possédait, et en ayant fait un lingot, l'enfouit dans un certain endroit, où il enterra en même temps son esprit et son cœur, et chaque jour il venait le contempler. Un ouvrier, l'ayant épié et ayant soupçonné la chose, déterra le lingot et l'enleva. Après quoi l'avare étant venu et ayant trouvé la place vide, se mit à pleurer et à s'arracher les cheveux. Quelqu'un qui le vit se désoler ainsi, en ayant appris la cause, lui dit : « Mon ami, ne te désespère pas ainsi, car tu avais de l'or sans en avoir. Prends une pierre, mets-la à la place de ce lingot, et figure-toi que c'est ton or ; elle remplira le même emploi. Car, à ce que je vois, quand tu avais cet or, tu n'en jouissais pas. »

MORALITÉ. — Cela montre que la possession n'est rien, si l'on ne sait y ajouter l'usage.

Cet apologue, dépourvu de tout ornement, a dû faire le bonheur de Lessing, qui ne permettait à la fable aucune parure. Voyons ce que la Fontaine a su tirer de ce tableau incolore.

Sa fable débute par la morale; nous n'en serons que plus frappés de la réflexion qui termine le récit.

L'usage seulement fait la possession.

c'est-à-dire, on ne possède réellement sa fortune qu'à la condition d'en faire *un bon usage*. La sentence serait peut-être un peu vague si l'apologue ne venait l'éclaircir.

> Je demande *à ces gens* de qui la passion
> Est d'entasser toujours, *mettre* somme sur somme,
> Quel avantage ils ont que n'ait pas un autre homme [1]

Nous avons à peine besoin de faire remarquer combien l'expression « *ces gens* » est chargée de mépris. La Fontaine, qui ne thésaurisa jamais, ne devait pas être tendre pour les avares. On connaît l'épitaphe qu'il s'était composée :

> Jean s'en alla comme il étoit venu,
> Mangeant le fonds avec le revenu ;
> Tint les trésors chose peu nécessaire..., etc.

Un homme aussi désintéressé des choses d'ici-bas ne pouvait avoir aucune pitié pour les infortunes des avares!

Devant *mettre*, la syntaxe grammaticale exigerait la préposition *de*; mais les règles de la grammaire sont, pour les grands écrivains, ce que les toiles d'araignée sont pour les grosses mouches, qui passent sans cérémonie à travers, comme on le faisait observer à Solon en lui parlant de ses lois.

---

1. Quelques éditions donnent *pauvre homme*, qui ne peut s'employer dans ce sens. Il faudrait *homme pauvre*, c'est-à-dire dénué du superflu. *Pauvre homme* signifie : homme de peu de valeur.

Diogène là-bas est aussi riche qu'eux.

Diogène est le type de ces philosophes anciens que l'on a nommés *cyniques*, c'est-à-dire *pareils à des chiens*, parce qu'ils affectaient en public le sans-gêne des animaux dont ils portaient le nom. Il est inutile d'ajouter qu'ils professaient pour les richesses, comme pour les convenances, le plus souverain mépris. Alexandre le Grand, roi de Macédoine, témoignait un jour à Diogène le désir de lui être utile. Diogène était couché au soleil, et Alexandre le couvrait de son ombre ; le philosophe lui dit : « *Si tu veux me faire plaisir, retire-toi un peu de mon soleil!* »

Là-bas, c'est-à-dire *là en bas*, dans *les enfers*, qui, pour les anciens, étaient placés sous la terre.

Et l'avare *ici-haut*, comme lui, vit en gueux,

Ici-haut, c'est-à-dire sur la *surface* de la terre, dont les *enfers* occupaient la partie *inférieure*. — Quant au mot *gueux*, dérivé d'un mot latin qui signifie *cuisinier*, *marmiton*, et, par extension, pauvre diable, il désigne toute personne qui vit d'aumône et au jour le jour. Politiquement, dans certaines contrées, il signifie *indépendant*, *libéral* : c'est en ce sens qu'il est employé en Hollande et en Belgique, et particulièrement à Anvers. On a donné à ce mot, pour étymologie, le terme hollandais *guit*, qui signifie *coquin*. Or, coquin vient de *coquinus*, dérivé de *coquus*, cuisinier, qui a donné *gueux*.

L'homme au trésor caché, qu'Ésope nous *propose*,

c'est-à-dire *nous met devant les yeux*[1].

Servira d'exemple à *la chose*.

c'est-à-dire confirmera par son exemple la vérité de ce que nous affirmons : à savoir, que l'on ne possède vérita-

---

1. En latin, *proponere*; d'où *propositum*, dont nous avons fait *proposition*, et ferme *propos*, c'est-à-dire ferme *résolution*.

blement un bien que quand on sait en faire un bon usage.

> Ce *malheureux* attendait
> Pour jouir de son bien *une seconde vie*.

Cette phrase est toute pleine d'ironie : l'avare se privait de tout, n'osait pas toucher à son or, et *semblait* attendre une *seconde vie* pour faire usage de sa fortune. L'ardeur de sa passion est énergiquement dépeinte dans cette antithèse, dont l'idée a été empruntée au philosophe Bias.

> Ne possédait pas l'or, mais l'or le possédait.

antithèse plus énergique encore dans la transcription latine, où la voix *active* et la voix *passive* sont opposées, comme dans cette phrase :

> *Ne possédait* pas l'or, mais *était possédé* par lui [1].

> Il *avait* dans la terre une somme *enfouie*.

Ce vers nous présente un exemple de la forme latine d'où nous est venu le *participe passé* conjugué avec l'auxiliaire *avoir*. En latin, le participe, ainsi construit, s'accordait toujours, et le verbe qui nous a donné *avoir* exprimait, dans ce tour, l'idée de *possession* avec bien plus de force que dans notre langue. Le vers de la Fontaine que nous venons de citer, et où *avait* conserve bien le sens *latin* de *possédait*, est un exemple précieux pour l'histoire de la langue.

On a critiqué le vers suivant :

> Son cœur avec,

en alléguant, ce qui est vrai, que la préposition *avec* ne s'emploie pas correctement comme *adverbe*. On ne dit point, sans offenser la grammaire : « je partirai *avec*, » pour « je partirai *aussi*, » comme on dit indifféremment : « *Après* quelques jours » ou « quelques jours *après*. »

---

1. **Non hic substantiam** *possidet*, **sed ab ea** *possidetur*.

Cependant, dans le nord de la France, on entend continuellement le peuple employer *avec* comme adverbe :
« Venez-vous *avec* ? » c'est-à-dire : « Venez-vous *avec
nous ?* » Ce tour a beaucoup d'analogie avec la forme que
prennent les verbes *décomposables* dans les langues ger-
maniques, et la Fontaine l'a apporté de sa province.

> N'ayant d'autre *déduit*
> Que d'y *ruminer* jour et nuit,

Déduit est une expression vieillie, qui vient du latin et
désigne tout ce qui nous *détourne* d'une préoccupation
pénible et nous cause par cela même du *plaisir*[1]. Quant
à *ruminer*, ce terme familier nous dépeint bien le travail
auquel se livrait l'esprit de l'avare, qui sans cesse était
occupé de la même idée, comme les bœufs qui *ruminent*,
c'est-à-dire mâchent et remâchent sans cesse la même
nourriture. Le philosophe Sénèque dit à peu près la
même chose à propos de la mémoire, lorsqu'il conseille
aux écoliers de *mâcher* en quelque sorte et de *remâcher*
sans cesse la même nourriture, c'est-à-dire de repasser
les mêmes leçons.

> Et rendre sa *chevance* à lui-même *sacrée.*

ce qui veut dire : et rendre *sacrée,* inviolable à lui-même
sa *chevance*[2], son *capital,* auquel il n'osait pas plus
toucher qu'à une chose *sainte, réservée* à Dieu seul ! Le
peuple emploie absolument la même image dans cette
expression où il flétrit la gourmandise : « Il se fait *un
dieu* de son ventre. »

Nous arrivons maintenant à une de ces expressions
obscures qui ne sont pas rares dans la Fontaine, et que
l'on ne saurait étudier avec trop de soin avant de les
expliquer aux enfants ; car il est souvent bien difficile de
les interpréter avec toute la clarté désirable[3].

---

1. Comparez *divertir*, c'est-à-dire *détourner de...*
2. Nous trouvons entre *chevance* et *capital* le même rapport qu'entre *chef*
signifiant tête, et sa traduction latine *caput;* en un mot, ce que l'on possède
par tête.
3. Voir ce que nous avons dit à propos de *la Cigale et la Fourmi.*

Qu'il allât ou qu'il vînt, qu'il bût ou qu'il mangeât,
On l'eût pris de bien court, *à moins qu'il ne songeât*
A l'endroit où gisoit cette somme enterrée.

Un commentateur qui a annoté avec beaucoup d'esprit les fables de la Fontaine, explique ainsi ces vers : « *Il eût fallu saisir un intervalle bien court pour le prendre ne songeant pas à l'endroit...* etc. » Il est évident que le vers de la Fontaine ne peut signifier qu'une chose : à savoir, que l'avare pensait *continuellement* à son argent, et qu'il songeait, *rêvait continuellement* auprès de sa cachette. Mais, peut-on concilier avec cette explication « *il eût fallu saisir un intervalle bien court,* » cette conjonction « *à moins que* » et la proposition qui suit ? Cette construction étant inadmissible, il faut bien chercher une autre interprétation où le *sens* et la *syntaxe* soient d'accord.

On voit que la principale difficulté réside dans ce membre de phrase : « *On l'eût pris de bien court, à moins que.* » Or, *être pris de court* signifie *n'avoir pas assez de temps* pour faire une chose, être obligé d'y mettre de la précipitation, en un mot, *être pressé*. Nous proposerions donc d'interpréter ainsi le vers du fabuliste : On l'eût pris, c'est-à-dire, on l'eût *surpris, trouvé de bien court,* c'est-à-dire *ayant trop peu de temps, précipitant tout,* en un mot, *toujours très pressé, à moins qu'il ne songeât à l'endroit* où était son trésor. Dans cette dernière occupation seulement, il n'était *nullement pressé ;* il se *complaisait* au contraire dans la contemplation de son trésor, et cette rêverie était la seule chose qu'il fît sans hâte et sans précipitation, et *où il ne fût jamais pris de court.*

> Il y fit tant de tours,

c'est-à-dire, il y alla et y retourna si fréquemment, « *qu'un fossoyeur le vit.* »

> Se douta du dépôt, l'enleva sans rien dire.

Esope dit : « *un ouvrier.* » La Fontaine a choisi plaisamment un *fossoyeur*, tout préparé par ses fonctions ordinaires à *déterrer promptement*, et *sans rien dire*, c'est-à-dire *sans bruit* le trésor.

Notre avare un beau jour ne trouva que le nid.

Un *beau* jour est une ironie amère. La Fontaine emploie ce mot *beau* avec un sens différent dans ces vers :

> Un jour un coq détourna
> Une perle qu'il porta
> Au *beau* premier lapidaire.

c'est-à-dire, au premier lapidaire qui se trouva *bellement, heureusement, à propos*, sur son chemin. Phèdre emploie de même le mot *opportunus*. Quant *au nid*, c'est une expression familière et pittoresque, qui désigne très heureusement l'endroit où les avares *couvent* des yeux leur trésor.

> Voilà mon homme aux pleurs ; il gémit, il soupire ;
>   Il se tourmente, il se déchire ;
> Un passant lui demande à quel sujet ces cris.
>   — C'est mon trésor que l'on m'a pris !
> — Votre trésor ! où pris ? — Tout *joignant* cette pierre.
>   — Eh ! sommes-nous en temps de guerre,
> Pour l'apporter si loin ? N'eussiez-vous pas mieux fait
> De le laisser chez vous en votre cabinet,
>   Que de le changer de demeure ?
> Vous auriez pu sans peine y puiser à toute heure...

Comparez, avec cette peinture du désespoir de l'avare, avec ces phrases courtes, pressées, elliptiques du dialogue qu'il a avec le passant, le fameux tableau des angoisses qui torturent Harpagon quand il s'aperçoit qu'on lui a volé sa cassette ; et remarquez avec quelle discrétion la Fontaine, qui écrivait pour être *lu* et *relu*, a tracé ce tableau où Plaute et Molière, qui écrivaient *pour la scène*, ont réuni jusqu'à l'exagération même, afin de produire une impression plus forte, tout ce qui pouvait rendre plus misérables et plus odieux le désespoir et les plaintes séniles d'Harpagon.

Remarquez surtout ces ellipses : *à quel sujet* (il pousse) *ces cris.* — *Votre trésor* (vous a été pris.)! — Où (vous a-t-il été) *pris* ? — (Il m'a été pris) *tout joignant*, c'est-à-dire *tout près de* cette pierre. Comparez : *juxtaposer.* Rien de plus vif, de plus pressé, de plus naturel que ce dialogue. Mais, où l'avare se révèle encore mieux et fait le plus vivement éclater sa passion, c'est quand le passant lui fait remarquer qu'il aurait pu *puiser à toute heure* dans son *trésor !*

A toute heure, bons dieux ! ne tient-il qu'à cela !

c'est-à-dire, *n'y a-t-il que cela à faire? Est-ce aussi facile que cela?* Comparez l'expression familière « *il ne tient qu'à moi*, » c'est-à-dire, cela m'est bien facile et dépend de moi seul.

L'argent vient-il comme il s'en va?

ajoute-t-il enfin, et certes il a bien raison ; il est plus facile de dépenser l'argent que de le gagner. Mais comme cette vérité perd toute sa force dans la bouche d'un homme qui ne fait aucun usage de son argent et se refuse même le nécessaire ! Tant il est vrai que c'est surtout par *nos exemples* que nous donnons de l'autorité à nos leçons et à nos *conseils !*

Je n'y touchois jamais !

Voilà le grand mot lâché ! Et c'est bien le cas de dire ici : *habemus confitentem reum*, nous tenons l'aveu de l'accusé ! Aussi le passant n'a plus qu'à tirer tout simplement la conclusion :

Dites-moi donc de grâce,
Reprit l'autre, pourquoi vous vous affligez tant?

Et, en effet, il a toutes les raisons du monde de s'étonner qu'un homme puisse se désespérer d'avoir perdu un bien *auquel il ne touchait jamais.*

Et la fable se termine par ce dernier argument auquel

l'avare ne pouvait faire aucune réponse, tant il est irréfutable :

> Puisque vous ne touchiez jamais à cet argent,
> Mettez une pierre à la place ;
> Elle vous *vaudra* tout autant.

c'est-à-dire, elle aura pour vous la même *valeur* et ne
vous *rapportera* pas moins que votre argent.

Et le passant continue son chemin, laissant peut-être
la raison de l'avare ébranlée, mais non convaincue, à
coup sûr, par son raisonnement. Tous les avares meurent
dans l'impénitence finale, et même on en a vu, dit-on,
prétendre se survivre et se constituer eux-mêmes leurs
héritiers !

X. — Le laboureur et ses enfants.

Travaillez, prenez de la peine :
C'est le fonds qui manque le moins.

Un riche laboureur, sentant sa mort prochaine
Fit venir ses enfants, leur parla sans témoins.
« Gardez-vous, leur dit-il, de vendre l'héritage
    Que nous ont laissé nos parents ;
    Un trésor est caché dedans.
Je ne sais pas l'endroit : mais un peu de courage
Vous le fera trouver : vous en viendrez à bout.
Remuez votre champ dès qu'on aura fait l'oût :
Creusez, fouillez, bêchez ; ne laissez nulle place
    Où la main ne passe et repasse. »
Le père mort, les fils vous retournent le champ,
Deçà, delà, partout ; si bien qu'au bout de l'an
    Il en rapporta davantage.
D'argent, point de caché. Mais le père fut sage
    De leur montrer, avant sa mort,
    Que le travail est un trésor.

ANALYSE.

Il y a des enfants qui s'abandonnent à la paresse, parce qu'ils comptent sur la fortune que possèdent leurs parents. Habitués à trouver, sans se donner aucune peine, toutes les choses dont ils ont besoin, ils se disent en eux-mêmes : A quoi bon travailler ? Notre père ne nous donne-t-il pas tout ce qui nous est nécessaire ? Le fabuliste dit à ces petits paresseux : Prenez garde ! Les richesses les plus considérables, et, en apparence, les mieux assurées, peuvent vous être enlevées en un jour. Un dépositaire infidèle, un voleur, peut vous dérober cet argent sur lequel vous comptez avec une confiance si téméraire. Un incendie peut réduire en cendres la maison que vous habitez. Le mauvais temps, la grêle, peuvent détruire vos récoltes. Les ravages de la guerre, nous l'avons vu il n'y a pas longtemps, peuvent nous réduire au plus complet dénûment. Il ne faut donc point compter sur les biens de la fortune, qui pourraient nous être si facilement enlevés : c'est là *un fonds*, ou, si l'on veut, un *bien* qui peut nous *manquer* tout d'un coup, nous être ravi au moment où nous nous y attendons le moins.

Que reste-t-il à l'homme, quand il est ainsi frappé par le malheur ? Il lui reste le bien *qui lui manque le moins*, c'est-à-dire le travail ! La maladie, un événement imprévu, peuvent nous empêcher momentanément de travailler ; mais, quand ce mal a cessé, nous nous remettons à l'ouvrage et nous gagnons très honorablement notre vie.

Le *travail* est donc la ressource la plus assurée, celle sur laquelle il est permis de compter avec le plus de confiance.

Témoin Jeannot, dont les parents avaient fait fortune dans le commerce. Eblouis par leur opulence, ils élevèrent leur fils en petit maître ; ils l'habituèrent à ne rien faire, et se trouvèrent fort dépourvus quand ils se virent un beau jour ruinés par leurs folles dépenses. Qui les sauva? Ce fut Colin, un brave garçon qui avait été le camarade d'enfance de Jeannot. Jeannot, devenu marquis, avait dédaigné son ancien camarade ; mais Colin, qui avait bon cœur, et qui avait acquis une honnête aisance *par son travail*, tira de la misère son imprévoyant ami, et lui apprit par expérience que le travail est le seul véritable trésor et la suprême consolation. La Fontaine va nous le prouver à son tour dans la fable suivante ; et, pour nous frapper davantage, il inscrira, au commencement et à la fin de son apologue, la morale que nous avons cru devoir expliquer un peu longuement.

> Travaillez, prenez de la peine,
> C'est le fonds qui manque le moins.

Les enfants comprennent généralement ainsi ce vers : *le fonds est ce qui manque le moins ;* et un commentateur a dit de même : le défaut de succès ne vient point *de la terre*, mais *de la culture !* Il est inutile de faire observer que cette interprétation est foncièrement vicieuse.

Un *riche* laboureur, sentant sa mort prochaine,
Fit venir ses enfants, leur parla *sans témoins*.

Vous le voyez, le laboureur est *riche*, mais il a beaucoup d'expérience ; il a vu bien des familles ruinées par
la paresse et tous les vices qui l'accompagnent ; aussi ne
veut-il pas que ses enfants comptent sur les biens qu'il
va leur laisser. Il leur parle donc *sans témoins*, parce
qu'il doit leur révéler un *secret très important*, *qu'il ne
veut* communiquer *qu'à eux seuls :* ce qui ajoute un air
de mystère au conseil qu'il va leur donner, et frappe
davantage encore leur esprit.

Le fabuliste fait ensuite parler le moribond :

« Gardez-vous, leur dit-il, de vendre l'héritage
   Que nous ont laissé nos parents :
   Un trésor est caché dedans.
Je ne sais pas l'endroit, mais un peu de courage
Vous le fera trouver : vous en viendrez à bout.
Remuez votre champ *dès qu'on aura fait l'oût.*

C'est-à-dire, dès qu'on aura fait la *moisson.*
Le blé se fauche dans le mois d'*août ;* on dit donc *faire
l'août* (le travail d'août) pour récolter le blé et les autres
céréales.

Le vieillard ne se contente pas de formuler une fois sa
recommandation : il la répète, et indique en détail, d'une
manière pressante, tout le travail que ses fils devront
faire.

Creusez, fouillez, bêchez ; ne laissez nulle place
   Où la main ne passe et repasse. »

Le poète continue ensuite son récit :

Le père mort, les fils *vous* retournent le champ
Deçà, *delà,* partout ; *si bien qu'*au bout de l'an
   Il *en* rapporta davantage.

Le *père mort* est une proposition absolue, qui équi-
vaut à « le père étant mort. » Nous avons emprunté ce

tour aux Latins. — *Vous* est explétif, c'est-à-dire sura-
bondant, mais en apparence seulement : l'emploi de ce
pronom qui est un peu familier, ajoute souvent, comme
ici, beaucoup de force au récit. — *Si bien qu'en* signifie :
de telle sorte que *par là,* c'est-à-dire *par ce travail, grâce
à toutes ces fouilles.*

Le vers suivant est très concis et très vif :

> *D'argent point de caché.*

C'est-à-dire : il est vrai qu'il n'y avait point d'argent
de caché et qu'ils n'en trouvèrent aucune trace.

Et le fabuliste termine en présentant sa morale sous
une forme nouvelle et plus frappante encore.

> . . . Mais le père fut sage
> De leur montrer, avant sa mort,
> Que le travail est un trésor.

XI. — Phébus et Borée.

Borée et le Soleil virent un voyageur
    Qui s'étoit muni par bonheur
Contre le mauvais temps. On entroit dans l'automne,
Quand la précaution aux voyageurs est bonne :
Il pleut, le soleil luit ; et l'écharpe d'Iris
    Rend ceux qui sortent avertis
Qu'en ces mois le manteau leur est fort nécessaire :
Les Latins les nommoient douteux, pour cette affaire.
Notre homme s'étoit donc à la pluie attendu :
Bon manteau bien doublé, bonne étoffe bien forte.
« Celui-ci, dit le Vent, prétend avoir pourvu
A tous les accidents ; mais il n'a pas prévu
    Que je saurai souffler de sorte
Qu'il n'est bouton qui tienne : il faudra, si je veux,
    Que le manteau s'en aille au diable.
L'ébattement pourroit nous en être agréable :
Vous plaît-il de l'avoir ? — Eh bien ! gageons nous deux,
    Dit Phébus, sans tant de paroles,
A qui plutôt aura dégarni les épaules
    Du cavalier que nous voyons.
Commencez : je vous laisse obscurcir mes rayons. »
Il n'en fallut pas plus. Notre souffleur à gage
Se gorge de vapeurs, s'enfle comme un ballon,
    Fait un vacarme de démon,
Siffle, souffle, tempête, et brise en son passage
Maint toit qui n'en peut mais, fait périr maint bateau :
    Le tout au sujet d'un manteau.
Le cavalier eut soin d'empêcher que l'orage
    Ne se pût engouffrer dedans.
Cela le préserva. Le Vent perdit son temps ;
Plus il se tourmentoit, plus l'autre tenoit ferme :
Il eut beau faire agir le collet et les plis.
    Sitôt qu'il fut au bout du terme
    Qu'à la gageure on avoit mis,
    Le soleil dissipe la nue,
Récrée et puis pénètre enfin le cavalier,
    Sous son balandras fait qu'il sue,
    Le contraint de s'en dépouiller :
Encor n'usa-t-il pas de toute sa puissance.

    Plus fait douceur que violence.

ANALYSE.

Il y a, dit Quintilien, des élèves qui opposent à leur
maître la plus opiniâtre résistance lorsqu'on leur parle
avec dureté. Tel résiste aux coups, qui cède à une invi-
tation bienveillante et à une parole affectueuse. En général, dans l'éducation des enfants comme dans la pratique de la vie, « *plus fait douceur que violence.* » C'est
ce qu'a voulu prouver la Fontaine dans la fable dont
Phébus et *Borée* sont les principaux personnages.

Le sujet de ce petit drame est exposé dans les vers
suivants :

> Borée et le Soleil virent un voyageur
>   Qui s'étoit muni *par bonheur*
> Contre le mauvais temps.....

On sait que *Borée* est la personnification de ce vent
glacial qui nous arrive du nord, et que *Phébus* est le
dieu qui passait, chez les Latins, pour conduire le char
du soleil. *Par bonheur* nous semblerait une réflexion
toute naturelle si nous nous arrêtions à la fin du vers :

> On entroit dans l'automne.

Mais cette expression nous paraît beaucoup moins
heureuse quand nous passons aux vers suivants :

> Quand *la précaution* aux voyageurs est bonne ;
> Il pleut, le soleil luit et l'*écharpe d'Iris*,
>   *Rend* ceux qui sortent *avertis*
> Qu'en ces mois le manteau leur est fort nécessaire,
> Les Latins les nommoient douteux *pour cette affaire*;
> Notre homme s'étoit *donc à la pluie* attendu.

Il est évident que si le voyageur *s'était attendu à la
pluie*, s'il avait fait preuve *de prévoyance*, ce n'était point
par bonheur, c'est-à-dire *par un hasard heureux*, qu'il
s'était muni de son manteau ; il y a là une petite contra-
diction.

L'écharpe d'Iris est une périphrase qui désigne l'arc-en-ciel. Le poëte le nomme ainsi parce que, dans la croyance des anciens, l'arc-en-ciel était formé par le passage de la déesse Iris, quand elle allait porter sur la terre les messages de sa maîtresse Junon. — Remarquons en passant que *rend* est un peu trop éloigné d'*avertis*, et que cette périphrase est par cela même un peu lourde.— Les Latins appelaient *incerti*, c'est-à-dire *inconstants*, *variables*, et par conséquent *peu sûrs*, les mois qui correspondaient à nos équinoxes, parce qu'à cette époque le temps change souvent.

> Notre homme s'étoit donc à la pluie attendu.
> Bon manteau bien doublé, bonne étoffe bien forte.

L'ellipse donne beaucoup de vivacité à la phrase. Un prosateur aurait dit :

« *Par conséquent il avait pris* un bon manteau bien doublé, *fait* d'une bonne étoffe bien forte », ce qui eût été beaucoup plus long et bien moins pittoresque.

Les deux personnages entrent maintenant en scène, et le Vent débute par un discours direct, qui, rompant brusquement le fil de la narration, éveille heureusement l'attention du lecteur.

> *Celui-ci*, dit le Vent.....

et il y a quelque chose de dédaigneux et d'ironique dans le pronom « *celui-ci.* »

> Celui-ci, dit le Vent, prétend avoir pourvu
> A tous les accidents; mais il n'a pas prévu
>   Que je saurai souffler de sorte
> Qu'il n'est bouton qui tienne.....

Et il termine par une expression un peu triviale, mais qui n'est pas mal placée dans la bouche d'un personnage aussi violent que le Vent du nord.

>   ..... Il faudra, si je veux,
> Que le manteau *s'en aille au diable* [1].

---

1. Cette expression étonne aussi un peu dans la bouche d'une divinité païenne. *Le diable*, tel que nous le comprenons, était inconnu aux anciens.

Tenter cette expérience, toute cruelle qu'elle peut être, sur un simple mortel, n'est *qu'un jeu* pour des dieux qui, si l'on en croit leur histoire, n'avaient pas toutes les vertus. Aussi Borée ajoute :

> L'*ébattement* pourroit nous en être agréable :
> Vous plaît-il de l'avoir ?

En entendant cette proposition, Phébus s'imagine que Borée se croit plus puissant que lui, et, blessé dans son amour-propre, comme le montre cette réflexion « *sans tant de paroles*, » il défie le Vent du nord en ces termes :

> ..... — Eh bien ? gageons tous deux,
> Dit Phébus, *sans tant de paroles*,
> A qui *plutôt* aura dégarni les épaules
> Du cavalier que nous voyons.
> Commencez ; je vous laisse *obscurcir mes rayons.*

Notons, en passant, qu'on écrirait aujourd'hui *plus tôt*, puisque c'est ici le contraire de *plus tard*. — *Je vous laisse obscurcir mes rayons*, signifie : je vous permets d'assembler les nuages qui cachent à la terre mes rayons, et obscurcissent le ciel. On voit combien l'expression de la Fontaine est à la fois plus concise et plus pittoresque.

Le poète continue son récit :

> Il n'en falloit pas plus.....

(que ce défi et cette permission.)

> ..... Notre *souffleur à gage*
> Se gorge de vapeurs, s'enfle comme un ballon,
> Fait un vacarme de démon,
> Siffle, souffle, tempête et brise en son passage
> Maint toit qui n'en peut *mais*, fait périr maint [1] bateau ;
> Le tout au sujet d'un manteau.

Il est à peine besoin de faire remarquer avec quel art la Fontaine imite dans ces vers le bruit que fait le vent, et les mouvements saccadés que la tempête imprime à tous les objets qui se trouvent sur son passage. Borée

---

1. *Maint* est un adjectif collectif, comme l'anglais *many* et l'allemand *manch*.

souffle avec violence : c'est qu'en effet il veut absolument gagner le pari et il se donne de la peine comme un homme qui travaillerait *à gages*.

La Fontaine dit, à la suite d'une autre fable :

> Hélas ! on voit que de tout temps
> Les petits ont pâti des sottises des grands.

On se rappelle ces deux vers quand on voit les toits enlevés, les bateaux submergés, la nature bouleversée, et tout cela au sujet d'un manteau ! Que de fois la rivalité de deux princes n'a-t-elle pas ensanglanté et dévasté de même des royaumes qui *n'en pouvaient mais* (latin *magis*, *plus*), c'est-à-dire *point davantage!* Heureux les peuples s'ils savaient profiter de cette leçon !

> Le cavalier eut soin d'empêcher que l'*orage*
>   Ne se pût engouffrer *dedans*.
> *Cela* le préserva. Le Vent perdit *son temps*;
> Plus *il se tourmentoit*, plus l'autre *tenoit ferme*,
> *Il eut beau* faire agir le collet et les plis.

L'*orage* désigne ici la violence du vent. — *Dedans*, c'est-à-dire dans le manteau, nommé plus haut. — Perdre *son temps* ou *sa peine*, c'est les employer inutilement, *sans succès*. — Plus il se *tourmentait*, c'est-à-dire plus il se donnait de mal en soufflant. — *Tenir ferme*, c'est résister à une attaque : le mot est doublement juste ici, puisque le cavalier *tenait, d'une main ferme*, son manteau bien fermé au souffle du vent. — *Il eut beau* est une expression *ironique* de sa nature et répond à l'adverbe *vainement* : — *en vain* ou *vainement* il fit agir le collet et les plis.

> Sitôt qu'il fut *au bout du terme*
> Qu'à la *gageure* on avait mis,
>   Le soleil dissipe la nue,
> *Récrée* et puis *pénètre* enfin le cavalier,
>   Sous son *balandras* fait qu'il sue,
>   Le contraint de s'en dépouiller.
> Encore n'usa-t-il pas de toute sa puissance.

Le mot *terme* est ordinairement synonyme de *fin* : *mettre un terme à*, c'est-à-dire arrêter, empêcher d'aller plus loin. Il signifie aussi, *par extension*, un certain laps de temps : *payer son terme*, c'est-à-dire payer un trimestre de loyer : c'est pour cela que le poète a pu dire *au bout du terme*. — *Gageure* se prononce *gajure*. — *Récrée*, c'est-à-dire *ranime*, *réchauffe* le cavalier engourdi par le froid, et puis le *pénètre* de sa chaleur en faisant en quelque sorte passer ses rayons à travers le manteau.— *Balandras* ou *balandran* était une espèce de manteau épais et long.

Borée a donc épuisé vainement toute sa force ; il n'a retiré aucun avantage de ses violences. Le Soleil, au contraire, n'a pas même eu besoin d'employer toute sa puissance ; il lui a suffi de pénétrer le cavalier d'une douce chaleur pour faire tomber de ses épaules l'épais manteau.

Ainsi se trouve amenée tout naturellement cette morale, que nous nous permettrons de recommander à tous ceux qui débutent dans l'enseignement et n'ont pas encore eu le temps de faire provision de longanimité :

Plus fait douceur que violence.

XII. — Le cochet, le chat, et le souriceau.

Un souriceau tout jeune, et qui n'avoit rien vu,
    Fut presque pris au dépourvu.
Voici comme il conta l'aventure à sa mère :
« J'avois franchi les monts qui bornent cet Etat,
    Et trottois comme un jeune rat
    Qui cherche à se donner carrière,
Lorsque deux animaux m'ont arrêté les yeux :
    L'un doux, bénin, et gracieux,
Et l'autre turbulent, et plein d'inquiétude ;
    Il a la voix perçante et rude,
    Sur la tête un morceau de chair,
Une sorte de bras dont il s'élève en l'air
    Comme pour prendre sa volée,
    La queue en panache étalée. »
Or, c'étoit un cochet, dont notre souriceau
    Fit à sa mère le tableau
Comme d'un animal venu de l'Amérique.
« Il se battoit, dit-il, les flancs avec ses bras
    Faisant tel bruit et tel fracas
Que moi, qui grâce aux dieux de courage me pique,
    En ai pris la fuite de peur,
    Le maudissant de très bon cœur.
    Sans lui j'aurois fait connaissance
Avec cet animal qui m'a semblé si doux :
    Il est velouté comme nous,
Marqueté, longue queue, une humble contenance,
Un modeste regard, et pourtant l'œil luisant.
    Je le crois fort sympathisant
Avec messieurs les rats ; car il a les oreilles
    En figure aux nôtres pareilles.
Je l'allais aborder, quand d'un son plein d'éclat
    L'autre m'a fait prendre la fuite. —
Mon fils, dit la souris, ce doucet est un chat,
    Qui, sous son minois hypocrite,
    Contre toute ta parenté
    D'un malin vouloir est porté.
    L'autre animal, tout au contraire,
    Bien éloigné de nous mal faire,

Servira quelque jour peut-être à nos repas.
Quant au chat, c'est sur nous qu'il fonde sa cuisine.

> Garde-toi, tant que tu vivras,
> De juger des gens sur la mine. »

ANALYSE.

> Un souriceau tout jeune, et qui n'avoit rien vu,
> Fut presque pris au dépourvu.

Cochet est le diminutif de *coq* et désigne un petit coq. — *Souriceau* est aussi un diminutif et désigne une toute petite souris. La Fontaine nous les présente à dessein tout petits, car la jeunesse est d'ordinaire très imprévoyante. Mais il semble que la Providence veille sur elle pour la tirer des aventures où elle se risque avec une incroyable témérité[1]. — *Et qui n'avait rien vu.* Le fabuliste insiste; non content de nous représenter le *souriceau tout jeune*, il croit devoir encore nous dire que ce petit imprudent *sortait pour la première fois de son trou:* et voyez dans quel péril le conduisait son inexpérience, sans l'étourderie de ce brave petit cochet qui a jeté l'épouvante si à propos ! Ces mots « *qui n'avait rien vu* » expliquent en même temps pourquoi le souriceau n'a pas reconnu le chat et n'en a pas eu peur : ce qui ne serait pas admissible pour ceux qui connaissent la nature. — *Au dépourvu*, c'est-à-dire, absolument dépourvu de tout secours, de tout moyen de sauver sa vie. — *L'aventure*, c'est-à-dire ce qui lui était arrivé.

> Voici comme il conta l'aventure à sa mère :
> « J'avois franchi les monts qui bornent cet Etat,
> Et trottois comme un jeune rat
> Qui cherche à se donner carrière
> Lorsque deux animaux m'ont arrêté les yeux ;

Franchi. Voyez-vous ce petit écervelé ? Il s'imaginait

---

1. Voyez la fable intitulée : *L'enfant et la Fortune.*

que les taupinières voisines étaient des *montagnes* qui formaient les limites de son champ, qu'il appelle pompeusement *un état*. Il ne pouvait montrer mieux qu'il n'avait encore rien vu. — *Carrière*. Il voulait s'émanciper, échapper à la surveillance de sa maman, comme ces petits poussins qui, *sentant leur crête pousser*, s'imaginent déjà être de grands personnages. Messieurs les écoliers, reconnaissez ici votre image et profitez de la leçon, en voyant dans quels périls conduit l'esprit d'indépendance. — *M'ont arrêté les yeux :* le souriceau emploie le style figuré ; il semble qu'il a déjà fait sa rhétorique. Il n'en est que plus ridicule.

> L'un doux, bénin et gracieux,
> Et l'autre turbulent, et plein d'inquiétude ;
> Il a la voix perçante et rude,
> Sur la tête un morceau de chair,
> Une sorte de bras dont il s'élève en l'air
> Comme pour prendre sa volée,
> La queue en panache étalée. »

Bénin a vieilli, et c'est dommage ; ce mot a un sens particulier, et désigne la douceur pleine d'onction de ceux qui font les bons apôtres. — *Inquiétude*, est employé dans le sens qu'il a en latin, et désigne l'agitation incessante des gens qui ne peuvent se tenir en repos. Les jeunes coqs s'agitent ainsi continuellement et sont loin d'avoir la gravité de leur père. — *Rude ;* en effet, on croirait fort souvent qu'ils sont *enroués* quand ils finissent leur *cocorico*, et leur cri est si perçant qu'on l'entend la nuit d'une demi-lieue : ce qui fait bien plaisir à maître renard. — *Morceau de chair*, c'est sa crête. — *Une sorte de bras ;* effectivement, chez les oiseaux, les ailes occupent la place des bras : ce sont des bras couverts de plumes. — *Comme pour prendre;* observation très judicieuse, car les coqs agitent fort souvent leurs ailes comme s'ils allaient s'envoler, mais il est fort rare qu'ils quittent la terre. — *Panache :* on nomme ainsi les plumets teints de couleurs différentes.

Or, c'étoit un cochet, dont notre souriceau
    Fit à sa mère le tableau
Comme d'un animal venu de l'Amérique.
« Il se battoit , dit-il, les flancs avec ses bras
    Faisant tel bruit et tel fracas
Que moi, qui grâce aux dieux de courage me pique,
    En ai pris la fuite de peur,
    Le maudissant de très bon cœur.

— *Tableau,* c'est-à-dire le portrait. — *Venu de l'Amérique,* c'est-à-dire *nouveau* pour nous, puisqu'il serait venu du nouveau monde. Le petit souriceau confirme encore ici tout ce que nous savons de son inexpérience.

De courage me pique. On a dit d'abord : moi qui serais très *piqué,* c'est-à-dire *très fâché* si l'on contestait mon courage ; on a dit ensuite tout naturellement *se piquer* d'être courageux, c'est-à-dire se flatter ; enfin, par une ellipse plus vive, on a parlé comme le souriceau : moi qui me *pique* de courage. Il est très plaisant de l'entendre confesser qu'*il a pris la fuite de peur,* au moment même où il fait un si pompeux étalage de sa bravoure chevaleresque. En vérité, on croit lire une petite scène de Molière.

Le maudissant de très bon cœur. Le petit imprudent jette la pierre à celui qui lui a sauvé la vie, comme ces enfants « *drus et forts d'un bon lait qui battent leurs nourrices,* » suivant l'expression de Montaigne, et comme ces paresseux qui prennent en haine ceux qui veulent morigéner leur indolence.

    Sans lui j'aurois fait connaissance
Avec cet animal qui m'a semblé si doux ;
    Il est velouté comme nous,
Marqueté, longue queue, une humble contenance,
Un modeste regard, et pourtant l'œil luisant.
    Je le crois fort sympathisant
Avec messieurs les rats ; car il a les oreilles
    En figure aux nôtres pareilles.

— *Velouté :* son poil a la douceur du velours, et ses

pattes également quand il rentre les griffes. Ne nous
fions pas trop à ces *pattes de velours*. — *Longue queue*,
la phrase est elliptique. Le petit imprudent s'empresse d'énumérer toutes les qualités de Minet; il en
a tant à dire qu'il supprime les verbes ! — *L'œil
luisant :* enfin, il a failli entrer en défiance à la vue de cet
œil luisant; mais, bah ! le chat avait tant de qualités !
Aussi malgré cet *œil luisant*, qui jette dans l'ombre une
clarté électrique d'un si mauvais effet, le souriceau, qui
ne sait pas encore que les yeux sont le *miroir* de l'âme,
le croit fort sympathisant avec *messieurs les rats !* Et
voilà comment ce jeune inconsidéré juge son ennemi
mortel ! Il va plus loin encore. Il tire ses conclusions *de la
forme de ses oreilles*. Comment n'aborderait-il pas le chat,
puisqu'il a les oreilles faites comme les siennes !

> Je l'allois aborder. quand d'un son plein d'éclat
>   L'autre m'a fait prendre la fuite. —

— *Éclat* se dit également de ce qui brille et de ce qui est
sonore, de ce qui pénètre vivement (et comme de force)
dans nos yeux ou dans nos oreilles.

> Mon fils, dit la souris, ce doucet est un chat,
>   Qui, sous son minois hypocrite,
>   Contre toute ta parenté
>   D'un malin vouloir est porté.
>   L'autre animal, tout au contraire,
>   Bien éloigné de nous mal faire,
> Servira quelque jour peut-être à nos repas.
> Quant au chat, c'est sur nous qu'il fonde sa cuisine.
>   Garde-toi, tant que tu vivras,
>   De juger des gens sur la mine. »

— *Doucet*, mot charmant, qui désigne ceux qui n'ont
que les *apparences* de la douceur. — *Minois* est pris
ici dans un sens défavorable. Il se prend aussi *familièrement* en bonne part : *un joli minois*. — *Hypo-
crite* est un mot grec qui désignait les comédiens, gens
qui *jouent* toutes sortes de personnages, qui prennent *leur air*, *leurs manières*, *leur langage*, et se mon-

trent par conséquent sur la scène tout autres qu'ils ne
sont en réalité dans la vie ordinaire. — *Malin* est pris
ici dans son sens latin : de *nature méchante* (*malum
genus*). — *Mal faire*, c'est-à-dire, de nous faire quelque
mal. — *Peut-être :* oui, si la souris et son souriceau ne
sont pas pris par le chat, peut-être un jour se nour-
riront-ils des restes du coq, quand on l'aura mis à la
broche et servi sur la table du maître.

Il fonde sa cuisine ; c'est-à-dire, c'est nous qui formons
le fond, la partie la plus importante, la plus ordinaire de
sa cuisine, de ses repas. Ce qui revient à dire : le chat
se nourrit surtout de souris ; mais le tour que La Fontaine
donne à sa pensée est bien plus élégant.

La morale qui termine ce charmant tableau, si bien
conçu et si bien tracé, était à peine utile, tant elle découle naturellement de l'exposition des faits. Remar-
quons-y cependant ces mots « *tant que tu vivras*, » qui,
après les risques que le souriceau vient de courir, renferment pour lui une menace, et donnent au conseil de la
souris une gravité toute particulière. C'est comme si elle
ajoutait: Quand tu seras plus vieux, mon fils, tu t'ima-
gineras peut-être connaître mieux les hommes et pouvoir
les juger d'après leur mine : n'en fais rien : c'est par leurs
actes et non par leur *extérieur* et leurs *discours* que les
hommes se font connaître.

XIII. — Le charretier embourbé.

Le Phaéton d'une voiture à foin
Vit son char embourbé. Le pauvre homme étoit loin
De tout humain secours : c'étoit à la campagne,
Près d'un certain canton de la Basse-Bretagne,
        Appelé Quimper-Corentin.
        On sait assez que le Destin
Adresse là les gens quand il veut qu'on enrage.
        Dieu nous préserve du voyage !
Pour venir au chartier embourbé dans ces lieux,
Le voilà qui déteste-et jure de son mieux,
        Pestant, en sa fureur extrême,
Tantôt contre les trous, puis contre ses chevaux,
        Contre son char, contre lui-même.
Il invoque à la fin le dieu dont les travaux
        Sont si célèbres dans le monde :
« Hercule, lui dit-il, aide-moi; si ton dos
        A porté la machine ronde,
        Ton bras peut me tirer d'ici. »
La prière étant faite, il entend dans la nue
        Une voix qui lui parle ainsi ;
        « Hercule veut qu'on se remue;
Puis il aide les gens. Regarde d'où provient
        L'achoppement qui te retient;
        Ote d'autour de chaque roue
Ce malheureux mortier, cette maudite boue
        Qui jusqu'à l'essieu les enduit;
Prends ton pic, et me romps ce caillou qui te nuit;
Comble-moi cette ornière. As-tu fait? — Oui, dit
                                    [l'homme. —
Or bien je vas t'aider, dit la voix ; prends ton fouet.
—Je l'ai pris... Qu'est ceci? mon char marche à souhait?
Hercule en soit loué ! » Lors la voix : « Tu vois comme
Tes chevaux aisément se sont tirés de là. »

        Aide-toi, le ciel t'aidera.

ANALYSE.

Lorsque les hommes faibles sont atteints à l'impro-
viste par le malheur, ils ont pour habitude de jeter

les hauts cris et de s'en prendre à la Providence, en attendant qu'ils réclament son appui. A les entendre, Dieu lui-même serait obligé de travailler à leur bonheur sans qu'ils se donnassent la moindre peine. C'est pour ces hommes faibles et si prompts à se désespérer qu'a été écrite la fable suivante. Ils y verront que Dieu ne fait rien pour nous quand nous ne faisons rien nous-mêmes, mais que tout marche à souhait quand nous prenons d'une main virile la direction de nos affaires.

> Le *Phaéton* d'une voiture à foin
> *Vit* son char embourbé.

La Fontaine excelle à peindre, souvent dans un seul vers, la situation de ses personnages. Ainsi : *Un octogénaire plantait... Un loup n'avait que les os et la peau...* Ici, le charretier est désigné par le nom de *Phaéton*, qui ne laisse pas que de le rendre ridicule. On sait que *Phaéton*, fils du Soleil, faillit rôtir la terre en approchant trop près d'elle le char du soleil, qu'il avait sollicité l'honneur périlleux de conduire. De même, le charretier avait si maladroitement dirigé son attelage, qu'il avait fait entrer les roues dans une profonde ornière, d'où il ne pouvait se tirer.

Notons en passant que l'on écrivait autrefois *chartier*, dérivé de *char*, et que c'est l'autorité de l'Académie qui a fait prévaloir *charretier*, qui se rattache à *charrette*.

Quant au mot *vit*, il n'a pas ici son sens propre, et il ne faudrait pas le traduire par « *s'aperçut que* son char était embourbé. » On emploie fort souvent ce verbe pour exprimer qu'un fait est arrivé accidentellement. C'est comme s'il y avait « la voiture d'un charretier s'embourba *un jour*. » Le mot *char* ne s'emploie plus que dans le style noble ou poétique.

> Le *pauvre homme* étoit loin
> De tout humain secours : C'étoit à la campagne,
> Près d'un certain canton de la Basse-Bretagne

Appelé Quimper-Corentin.
On sait assez que le destin
Adresse là les gens quand il veut qu'on enrage.
Dieu nous préserve du voyage !

Ainsi, *ce pauvre homme* (et non pas *cet homme pauvre*)
était bien à plaindre, et il avait toutes les raisons du
monde de se désespérer dans cet affreux désert, où le
poète nous souhaite de ne jamais nous engager.

Mais, plus grand était son embarras et mieux sera
démontrée la toute-puissance d'une énergique résolution.

Pour venir

c'est-à-dire pour *revenir*, après la petite digression qu'a
faite le poète en nous décrivant cet affreux pays,

au chartier embourbé dans ces lieux,
Le voilà qui *déteste* et jure de son mieux,
Pestant en sa fureur extrême
Tantôt contre les trous, puis contre ses chevaux,
Contre son char, contre lui-même.

Ce tableau de la fureur où notre charretier est jeté par
sa propre maladresse, est copié sur le vif. Nous sommes
tous les jours témoins de ces colères odieuses et ineptes
dont les accès portent les charretiers à frapper brutale-
ment leurs chevaux quand ces pauvres bêtes, surchar-
gées, refusent d'avancer.

Au moins, notre charretier est plus juste : il peste aussi
contre *lui-même;* il se reproche la maladresse qu'il a
commise. *Déteste* est un mot tout latin qui veut dire
prononcer des malédictions, de même que *jurer*, employé
absolument, signifie *blasphémer.* — *De son mieux*, signifie
le mieux, le plus qu'il peut. — *Pester* signifie aussi prononcer des imprécations, *exhaler sa colère.*

Dans cette situation, qui réclamait l'assistance d'un
bras puissant,

Il invoque à la fin le dieu dont les travaux
Sont si célèbres dans le monde :

Voilà certainement une périphrase très transparente et conséquemment très heureuse pour désigner le dieu qui personnifie la force.

> Hercule, lui dit-il, aide-moi; si ton dos
> A porté la machine ronde,
> Ton bras peut me tirer d'ici.

Sans doute, la prière n'est pas au-dessus de ce que peut dire un simple charretier. *Si ton dos* est bien du domaine de la conversation; la *machine ronde*, pour désigner la terre, est une image qui nous est aujourd'hui familière; peut-être cependant est-elle un peu relevée dans la bouche d'un charretier; peut-être aussi s'étonnera-t-on qu'Hercule et ses douze travaux, qui appartiennent à la mythologie, soient connus d'un charretier de la Basse-Bretagne. Même dans les fables, on doit éviter de mêler ainsi les traditions de l'antiquité avec les idées modernes.

> Sa prière étant faite, il entend dans la nue
> Une voix qui lui parle ainsi :
> Hercule veut qu'on se *remue*,

C'est-à-dire, Hercule veut que l'on commence par se mettre soi-même à l'ouvrage et se donner de la peine. Le terme *remuer* est du domaine de la conversation.

> Puis il aide les gens. Regarde d'où provient
> L'*achoppement* qui te retient,

c'est-à-dire, cherche quel est l'*obstacle* contre lequel tes roues se sont *heurtées* et qui les empêche d'avancer.

> Ote d'autour de chaque roue
> Ce *malheureux* mortier, cette maudite boue
> Qui jusqu'à l'essieu les enduit.
> Prends ton pic, et me romps ce caillou qui te nuit.

Malheureux est pris dans le sens actif, c'est-à-dire, qui te rend malheureux. Ce terme est d'ailleurs expliqué par les mots *qui te nuit*, qui suivent *caillou*, et équivalent à *ce malheureux caillou*.

Comble-moi cette ornière.

La répétition de ces pronoms explétifs *me* (romps), (comble-)*moi*, donne plus d'énergie aux remontrances du dieu. Boileau a dit de même : *Prends-moi le bon parti!* Le dieu continue :

As-tu fait?

c'est-à-dire, as-tu terminé cet ouvrage?

— Oui, dit l'homme,
Or bien, je vais t'aider, dit la voix; prends ton fouet. —
Je l'ai pris. — Qu'est ceci? mon char marche à souhait!
Hercule en soit loué!

Or ce n'était pas Hercule qu'il fallait louer, puisque c'était en réalité le charretier qui, docile aux conseils du dieu, avait fait tout l'ouvrage. Aussi

Lors la voix : Tu vois comme
Tes chevaux aisément se sont tirés de là!

Nous en dirons autant à tous ceux qui se trouvent dans l'embarras, et nous ajouterons, particulièrement pour tout élève qui trouve sa tâche trop difficile, même avant de l'avoir commencée :

Aide-toi, le ciel t'aidera!

XIV. — Le vieillard et l'âne.

Un vieillard sur son âne aperçut en passant
  Un pré plein d'herbe et fleurissant :
Il y lâche sa bête, et le grison se rue
  Au travers de l'herbe menue,
  Se vautrant, grattant, et frottant,
  Gambadant, chantant et broutant,
  Et faisant mainte place nette.
  L'ennemi vient sur l'entrefaite.
  « Fuyons, dit alors le vieillard. —
  Pourquoi? répondit le paillard ;
Me fera-t-on porter double bât, double charge? —
Non pas, dit le vieillard, qui prit d'abord le large. —
Et que m'importe donc, dit l'âne, à qui je sois?
  Sauvez-vous, et me laissez paître.
  Notre ennemi, c'est notre maître :
  Je vous le dis en bon français. »

ANALYSE.

Les maîtres ne sauraient expliquer avec trop de soin certaines moralités des fables de la Fontaine. Si on les prenait toujours à la lettre, sans tenir compte des personnages dans la bouche desquels il les a placées, on pourrait donner aux enfants une étrange idée de la *morale* du fabuliste.

Dans la fable que nous allons analyser, maître Aliboron raisonne comme un âne qu'il est; et, chose malheureuse, il est beaucoup d'ânes à deux pieds qui éprouvent les mêmes sentiments que lui et considèrent comme leurs ennemis tous ceux qui ont sur eux quelque autorité. Combien d'élèves, par exemple, se révoltent contre les exigences de la discipline et regardent comme un tyran le maître qui les oblige à remplir leur devoir! Ils ne songent pas que, sans une règle sévère, il n'y a point d'éducation; et ils regardent comme un despote celui qui les force à étudier, règle sagement leurs jeux, et punit avec sévérité leur paresse et leur dissipation. L'âne de la fable raisonne comme s'il était leur condisciple, et c'est en véritable âne qu'il a dit :

> Notre ennemi, c'est notre maître.

Si donc cet impertinent baudet est le même qui fait sa confession au livre suivant, dans *les Animaux malades de la peste*, il faut avouer qu'il méritait une punition sévère; mais il ne fallait pas aller jusqu'à la peine capitale.

Le pays où se passe ce petit drame était dévasté par la guerre : les ennemis l'avaient envahi; les habitants fuyaient devant eux.

> Un vieillard sur son âne aperçut en passant
> Un pré plein d'herbe et *fleurissant*.

On était donc au printemps, puisque le gazon *commençait à se couvrir de fleurs*. Le vieillard, qui a sans doute une longue course à faire, veut laisser à l'âne le temps de respirer et de réparer ses forces. En bon maître qu'il est,

> Il y lâche sa bête , et le grison *se rue*
> Au travers de l'herbe menue.

Voilà un âne bien maladroit et bien indiscret. Eh quoi ! il trouve un pré plein d'herbe menue, fine, tendre, délicate, comme on la voit au printemps, et le grossier animal se rue tout au travers au lieu de la brouter légèrement ! Ce beau pré a pourtant l'air d'être *ce pré de moines* où il prétend plus loin *n'avoir tondu* que la *largeur de sa langue !* Mais, non content de se ruer à travers le pré, voyez quels dégâts il y commet en

> Se vautrant, grattant et frottant,
> Gambadant, chantant et broutant,
> Et faisant mainte place nette.

En vérité, cet âne était bien mal éduqué ! Et comme toutes ces places *où il ne laisse pas même un brin d'herbe*, dépassent en étendue la *largeur* de sa langue !

Au milieu de tous ces ébats grossiers,

> L'ennemi vient sur *l'entrefaite*

que l'on écrit aujourd'hui *sur ces entrefaites*, c'est-à-dire *entre ces choses faites*, au milieu de leur accomplissement.

> Fuyons, dit alors le vieillard.
> Pourquoi ? répondit le *paillard*.

c'est-à-dire l'âne qui *couche sur la paille*.

> Me fera-t-on porter double bât, double charge ?

c'est-à-dire ma condition deviendra-t-elle plus mauvaise et mon travail plus pénible qu'auparavant ?

> Non pas, dit le vieillard qui prit d'abord le large.

c'est-à-dire qui s'éloigna aussitôt, tout d'abord, en s'apprêtant à fuir.

L'âne profite de l'occasion pour se vautrer davantage et répond avec insouciance :

> Et que m'importe donc, dit l'âne, à qui je sois ?

puisque je ne dois toujours porter que le même fardeau, peu m'importe à quel maître j'appartienne. Voilà comment il remercie le vieillard de l'avoir laissé brouter dans ce beau pré !

> Sauvez-vous, et me laissez paître.

Et il termine son discours par cette impertinence :

> Notre ennemi, c'est notre maître :
> Je vous le dis *en bon français*.

Cet âne voulait être compris et il parlait *clairement* ; mais c'était, hélas ! *en français* : ce qui ferait penser que les enfants récalcitrants, mal élevés et ingrats de notre pays ont mille raisons de le regarder comme leur compatriote.

XV. — Les animaux malades de la peste.

Un mal qui répand la terreur,
Mal que le ciel en sa fureur
Inventa pour punir les crimes de la terre,
La peste (puisqu'il faut l'appeler par son nom),
Capable d'enrichir en un jour l'Achéron,
Faisoit aux animaux la guerre.
Ils ne mouroient pas tous, mais tous étoient frappés :
On n'en voyoit point d'occupés
A chercher le soutien d'une mourante vie ;
Nul mets n'excitoit leur envie ;
Ni loups, ni renards n'épioient
La douce et l'innocente proie ;
Les tourterelles se fuyoient :
Plus d'amour, partant plus de joie.
Le lion tint conseil, et dit : « Mes chers amis,
Je crois que le ciel a permis
Pour nos péchés cette infortune.
Que le plus coupable de nous
Se sacrifie aux traits du céleste courroux ;
Peut-être il obtiendra la guérison commune.
L'histoire nous apprend qu'en de tels accidents
On fait de pareils dévouements.
Ne nous flattons donc point ; voyons sans indulgence
L'état de notre conscience.
Pour moi, satisfaisant mes appétits gloutons,
J'ai dévoré force moutons.
Que m'avoient-ils fait ? nulle offense.
Même il m'est arrivé quelquefois de manger
Le berger.
Je me dévouerai donc, s'il le faut : mais je pense
Qu'il est bon que chacun s'accuse ainsi que moi ;
Car on doit souhaiter, selon toute justice,
Que le plus coupable périsse. —
Sire, dit le renard, vous êtes trop bon roi ;
Vos scrupules font voir trop de délicatesse.
Eh bien ! manger moutons, canaille, sotte espèce,
Est-ce un péché ? Non, non. Vous leur fîtes, seigneur,
En les croquant beaucoup d'honneur ;

Et quant au berger, l'on peut dire
Qu'il étoit digne de tous maux,
Etant de ces gens-là qui sur les animaux
Se font un chimérique empire. »
Ainsi dit le renard ; et flatteurs d'applaudir.
On n'osa trop approfondir
Du tigre, ni de l'ours, ni des autres puissances,
Les moins pardonnables offenses :
Tous les gens querelleurs, jusqu'aux simples mâtins,
Au dire de chacun étoient de petits saints.
L'âne vint à son tour, et dit : « J'ai souvenance
Qu'en un pré de moines passant,
La faim, l'occasion, l'herbe tendre, et, je pense,
Quelque diable aussi me poussant,
Je tondis de ce pré la largeur de ma langue ;
Je n'en avois nul droit, puisqu'il faut parler net. »
A ces mots, on cria haro sur le baudet.
Un loup, quelque peu clerc, prouva par sa harangue,
Qu'il falloit dévouer ce maudit animal,
Ce pelé, ce galeux, d'où venoit tout leur mal.
Sa peccadille fut jugée un cas pendable.
Manger l'herbe d'autrui ! quel crime abominable !
Rien que la mort n'étoit capable
D'expier son forfait. On le lui fit bien voir.

Selon que vous serez puissant ou misérable,
Les jugements de cour vous rendront blanc ou noir.

ANALYSE.

« Cette fable, dit M. Géruzez dans son excellente
édition de la Fontaine, est l'imitation d'un apologue qui
avait cours dans les sermons au moyen âge. On la rencontre dans Barlette, prédicateur italien, et dans Raulin
qui fut principal du collège de Navarre à Paris : elle est
dirigée contre la partialité des confesseurs, qui se mon-
traient indulgents pour les crimes des grands et inexo-
rables pour les peccadilles des pauvres. Voici l'analyse de
l'apologue de Raulin, que nous empruntons à l'*Histoire
de l'éloquence du seizième siècle*, de M. Géruzez :

Le lion tint chapitre; différents animaux vinrent se confesser à lui. Le loup commença. Il avoua qu'il avait dévoré force moutons, mais il ajouta que c'était dans sa famille une vieille habitude; que de temps immémorial, les loups avaient mangé les brebis, et qu'il ne se croyait pas si coupable. Le lion lui dit : « Puisque c'est l'habitude de vos ancêtres, un droit héréditaire, continuez : seulement vous direz pour pénitence un *pater*. »

Le renard fit une confession semblable, et dit :

« J'ai croqué beaucoup de poulets, dévasté beaucoup de basses-cours; mais de tout temps mes ancêtres l'ont fait avant moi, et je *croque de race*. » — « Soit, dit le lion; continuez, faites comme vos ancêtres, et dites un *pater*. »

L'âne vient à son tour; il se frappe la poitrine avec componction; il avoue qu'il a commis trois péchés. Le premier, c'est d'avoir mangé du foin qui était tombé d'une charrette sur des ronces. — « C'est un grand péché que de manger le foin d'autrui! s'écrie le lion. Voyons, continuez. »

L'âne avoue qu'il a souillé le cloître des Frères. Le lion se récrie plus vivement : — « Salir ainsi la terre sainte ! c'est un péché mortel ! » Quant à son troisième aveu, on ne peut le lui arracher qu'au milieu des pleurs et des sanglots; il avoue, enfin, « *qu'il a brait* pendant que les Frères chantaient dans le chœur. » Le lion s'écrie : « Oh! c'est un grave péché que de braire pendant que les Frères chantent, de les mettre en désaccord et de semer la zizanie dans l'Église!» Et là-dessus il le condamna à être flagellé.

Maintenant que nous connaissons le fond de l'apologue de Raulin, voyons quel parti en a su tirer La Fontaine.

Tous les commentateurs qui ont étudié *les Animaux malades de la peste*, s'accordent à reconnaître que cette fable est la plus belle de toutes. Tous déclarent que, « outre le mérite de l'invention, qui, dans son genre, est aussi parfaite que celle du *Chêne* et du *Roseau*, cet apologue a l'avantage d'un fonds beaucoup plus riche et plus étendu, et se prête à des applications morales beaucoup plus importantes. D'après eux, c'est presque l'histoire de la société humaine. » On ne peut qu'approuver tous ces éloges, et l'étude du texte lui-même nous prouvera qu'ils sont bien loin de dépasser la juste mesure.

Il a été souvent remarqué que l'on trouve tous les tons
dans les fables de la Fontaine. Simple jusqu'à la familiarité quand son sujet l'exige, il sait s'élever jusqu'au
sublime et trouver des accents qui l'égalent aux poètes
les plus dramatiques quand les tableaux qu'il doit peindre
sont grandioses, ou ne peuvent se tracer qu'avec de
sombres couleurs. Tel est cet admirable début, où le fabuliste décrit les terribles ravages que la peste exerçait
dans le royaume des animaux. Rien de plus imposant,
rien de plus dramatique que cette description du terrible
fléau, que le poète n'ose point désigner d'abord par son
nom, mais qu'il nous fait facilement deviner, tant est
saisissante la description qu'il en donne.

> Un mal qui répand la terreur,
> Mal que le ciel, *en sa fureur*,
> Inventa pour punir les crimes de la terre,

On sait que les hommes, consternés par les ravages
de quelque fléau, considèrent ces catastrophes comme
les effets de la *fureur du ciel*. La science nous apprend
que les divers fléaux sont les effets de causes toutes naturelles qui n'ont rien de commun avec cette prétendue
colère de Dieu. En nous délivrant de toute terreur injuste
et superstitieuse, la connaissance de la vérité donne des
mobiles beaucoup plus nobles et plus légitimes à notre
reconnaissance et à notre admiration.

Thucydide, dans son histoire de la guerre du Pélo-
ponèse, a tracé un tableau très saisissant de la peste qui
ravagea Athènes en 429 avant J.-C., et il parle aussi de
la terreur et du découragement qui s'étaient emparés de
presque toutes les âmes.

Après avoir décrit les effets de la peste, le poète se décide enfin, mais à regret, à nommer le fléau.

> La peste (puisqu'il faut l'appeler par son nom),

Le lecteur a pu remarquer, pendant les épidémies
qui ont ravagé la France il y a vingt ans, que l'on

craignait de prononcer le nom du choléra, surtout devant ceux que la mort prématurée de tant de personnes impressionnait fortement.

Des critiques ont fait observer que La Fontaine hésitait également, mais pour un autre motif, à prononcer le nom de la peste, comme si ce nom, arrivant après une description aussi dramatique du fléau, pouvait en atténuer l'effet. Ne semble-t-il pas, au contraire, que l'effet s'augmente encore de toute l'horreur qu'exprime cette réticence?

La peste, en multipliant le nombre des morts, accroît les richesses, c'est-à-dire la population des sombres bords : aussi le poète ajoute-t-il que le fléau,

> Capable d'enrichir en un jour l'Achéron,
>   Faisoit aux animaux la guerre.

Prononcez la seconde syllabe d'*Achéron*, dit l'Académie, comme la première de *chérir*. On sait que l'Achéron, dont l'étymologie désigne tout le contraire de la joie (1), a tiré son nom du peu d'enthousiasme avec lequel on visitait ses sombres bords.

Si la peste ne faisait point disparaître tous les animaux, ceux qui n'étaient point atteints mortellement, ne ressentaient pas moins l'influence morale du fléau.

> Ils ne mouroient pas tous ; mais tous étaient frappés ;

Et développant cette observation, le poète trace de ces malades le tableau le plus touchant et le plus mélancolique :

> On n'en voyoit point d'occupés
> A chercher le soutien d'une mourante vie.

A quoi bon, en effet, secouer la torpeur qui les engourdissait pour prolonger de quelques instants une misé-

---

(1) (ἀ, privatif; χαίρω, je me réjouis).

rable existence! Ils étaient tellement faibles et abattus qu'ils ne sentaient même plus l'aiguillon de la faim.

> Nul mets n'excitoit leur envie ;
> Ni loups ni renards n'épioient
> La douce et l'innocente proie (1) ;

Et, dernier trait qui peint admirablement jusqu'à quel point les atteintes du fléau avaient glacé tous les cœurs :

> Les tourterelles se fuyoient !
> Plus d'amour, partant plus de joie.

Le cœur si tendre de Racine lui-même a-t-il jamais trouvé une image plus touchante?

Désespéré de voir ses États se dépeupler, le lion assemble à sa cour les habitants de son royaume.

Quand ils furent réunis,

> Le lion tint conseil et dit : « Mes chers amis... »

On sait que, dans le danger, les animaux les plus redoutables cessent d'être malfaisants. Le lion s'humanise donc sous l'influence de la crainte, et les animaux qu'il croque d'ordinaire deviennent *ses chers amis*. C'est ainsi que le *malheur* rapproche les hommes des conditions les plus différentes. Il continue ainsi :

> Je crois que le ciel a permis
> Pour nos péchés cette infortune.
> Que le plus coupable de nous
> Se sacrifie aux traits du céleste courroux ;
> Peut-être il obtiendra la guérison commune.

L'histoire, dit M. Geruzez, est la leçon des rois. Le lion doit donc la connaître. Les écrivains du dix-septième siècle, à qui l'antiquité était si familière, prêtent volontiers leurs connaissances aux animaux. On sait qu'en maintes circonstances des hommes se dévouèrent, chez les Grecs et chez les Romains, pour assurer le

_____

(1) Le poète aurait dû dire : *la douce et innocente proie*. V. *Gram.*, Leclair et Rouzé, cours supérieur, § 101.

triomphe de leurs concitoyens. Le lion leur rappelle ces sacrifices pour réchauffer leur zèle.

> L'histoire nous apprend qu'en de tels accidents
>   On fait de pareils dévouements.

Jusqu'ici le lion s'est exprimé avec toute la dignité qui convient à la majesté royale dont il est investi (1). Maintenant qu'il va s'abaisser jusqu'à se confesser comme ses plus humbles sujets, son langage deviendra plus familier. Le ton sera celui de la bonne conversation :

> Ne nous flattons donc point ; voyons sans indulgence
>   L'état de notre conscience.

Et il donne aussitôt l'exemple de la franchise en commençant sa confession.

> Pour moi, satisfaisant mes appétits gloutons,
>   J'ai dévoré *force moutons*.

Ainsi le lion ne cherche nullement à dissimuler ses fautes. Il est tellement sûr que tous ses courtisans s'empresseront de les lui pardonner, qu'il ne plaide même pas les circonstances atténuantes. Il ajoute, en effet :

> Que m'avoient-ils fait ? Nulle offense.
> Même il m'est arrivé quelquefois de manger
>   Le berger.

On a dit que ce petit vers *escamotait* pour ainsi dire le plus gros des méfaits du lion. Il nous semble, au contraire, que « *le berger*, » ainsi détaché et présenté isolément, loin d'être *escamoté*, n'en éveille que plus l'attention. Le lion, d'ailleurs, semble bien peu se soucier de ménager des juges qui tremblent devant lui. Il sait qu'il peut impunément leur donner l'exemple de la plus entière franchise, et comme il a un grand intérêt à le faire, il ne cache rien.

La fin de son discours est pleine d'habileté. Il est con-

---

(1) Oserai-je dire que « de *tels* accidents » qui rappellent le fléau, et « *pareils* dévouements » me semblent un peu faibles.

vaincu qu'aucun des animaux n'*oserait* le reconnaître
coupable, ni consentir à ce qu'il se dévoue.

Néanmoins il veut couvrir des apparences de la justice
une immunité qu'il ne doit qu'à la crainte. Il termine
ainsi sa harangue :

> Je me dévouerai donc, *s'il le faut* : mais je pense
> Qu'il est bon que chacun s'accuse ainsi que moi ;
> Car on doit souhaiter, selon toute justice,
>   Que le plus coupable périsse.

Alors le plus rusé des courtisans, le renard, prend la
parole. Il est bien trop habile pour reconnaître la vérité
des aveux que le lion vient de faire. Un autre l'aurait
sans doute tenté. Mais lui, laissant à des avocats inexpé-
rimentés ces ménagements maladroits, imagine aussitôt
des raisons excellentes pour excuser les fautes de son
souverain.

Il trouve même que le lion a été bien loin d'abuser des
droits qu'il tient de sa souveraineté.

> Sire, dit le renard, vous êtes *trop bon* roi ;
> Vos scrupules font voir trop de délicatesse.
> Eh bien ! manger moutons, canaille, sotte espèce,
> Est-ce un péché ? Non, non. Vous leur fîtes, Seigneur,
>   En les croquant beaucoup d'honneur.

C'est ainsi que le renard justifie le lion aux yeux de sa
cour. Ce persiflage est un trait de génie. Comment des
moutons ne se seraient-ils pas trouvés très honorés de
servir de nourriture à leur maître et d'être croqués par la
dent d'un lion ?

Avec quel art le courtisan justifie de même le meurtre
du *berger*, c'est-à-dire de cet homme qui prétend empiéter
sur les droits du lion et partager avec lui, contre toute
justice, la domination qu'il exerce sur les animaux ?

> Et, quant au berger, l'on peut dire
> Qu'il étoit digne de tous maux,
> Étant de *ces gens-là* qui, sur les animaux,
>   Se font un chimérique empire.

Il est donc évident que le lion a eu raison de mettre à

mort un homme qui lui disputait un légitime pouvoir.
« *Étant de ces gens-là* » est-il assez chargé de mépris? Le
trait qui termine la harangue du renard est-il assez habile? Aussi, tous les courtisans voudraient avoir pro-
noncé ce discours, et ils s'empressent de faire éclater les
témoignages de leur approbation.

> Ainsi dit le renard, et flatteurs d'applaudir.

Maître renard, en prenant la défense de son roi, avait
évité de faire sa propre confession. La cour usa de la
même indulgence envers tous les animaux qui avaient des
armes pour se défendre.

> On n'osa trop approfondir
> Du tigre, ni de l'ours, ni des autres puissances
> Les moins pardonnables offenses.
> Tous les gens querelleurs, jusqu'aux simples mâtins,
> Au dire de chacun étoient de petits saints.

Puisque l'on épargne avec tant de ménagements tous
les animaux qui ne se laisseraient pas attaquer impunément, il est facile de deviner que l'on réserve pour le
sacrifice quelque animal inoffensif. Le pauvre baudet, qui
n'avait commis que des peccadilles insignifiantes, a la
sottise de croire qu'un aveu dénué d'artifice lui assurera
l'impunité, puisque le lion, le tigre et les autres puissances ont été si facilement justifiés, bien qu'ils eussent
commis de véritables crimes. Il est d'ailleurs trop simple
pour recourir au mensonge.

> L'âne vint à son tour et dit : J'ai souvenance
> Qu'en un pré de moines passant...

Vous entendez bien : *il a souvenance;* le fait est donc
bien éloigné; tout le monde l'a oublié sans doute. — Il
passait dans un pré de *moines*, gens qui n'ont point de
famille, point d'enfants à nourrir, et qui, par conséquent,
devaient sentir bien peu le tort qu'il pouvait leur faire.

> La faim, l'occasion, l'herbe tendre, et, je pense,
> Quelque diable aussi me poussant,
> Je tondis de ce pré la largeur de ma langue.

Le discours du renard était déjà très adroit; mais avec quelle incomparable habileté est composée la confession du pauvre baudet! Comme toutes les circonstances les plus propres à atténuer et à excuser sa faute sont ingénieusement réunies! Il avait *faim*, le pauvre animal! L'*occasion* était bien séduisante et ne se représenterait peut-être plus. L'herbe était tendre; et comment ne pas se laisser tenter quand on n'a le plus souvent que des chardons à se mettre sous la dent! Et, de plus, le diable, qui était enchanté de jouer un mauvais tour à ces moines, s'était mis de la partie; non content de réunir toutes les tentations, il avait encore *poussé* la pauvre bête! Et dans quelle mesure avait-il satisfait sa faim? quel tort avait-il fait à ces moines opulents? Il avait *tondu*, c'est-à-dire à peine enlevé le sommet des herbes les plus hautes; et quel espace avait-il ainsi effleuré? *la largeur de sa langue!*

Qui donc ne l'aurait pas excusé, ne fût-ce qu'en considération de sa franchise?

Songe-t-il d'ailleurs à se justifier et à atténuer sa faute? Loin de plaider sa cause, voici comment il termine sa confession :

> Je n'en avois nul droit, puisqu'il faut parler net.

Hélas! la franchise n'a guère de succès auprès des malhonnêtes gens. L'âne qui n'avait point d'armes pour se défendre, vit toute l'assemblée s'ameuter contre lui.

> A ces mots, on cria haro sur le baudet.

Pauvre âne, on ne lui épargne pas même le sarcasme. On le traite de *baudet*. Et comme les plus justes causes ne sont jamais attaquées que par des gens de la pire espèce, c'est le loup qui se charge d'*exécuter* le pauvre innocent.

> Un loup quelque peu clerc (1) prouva par sa harangue
> Qu'il falloit dévouer ce maudit animal,

---

(1) *Clerc*, c'est-à-dire savant. Le clergé presque seul était alors instruit.

> Ce pelé, ce galeux d'où venoit tout le mal.
> Sa peccadille fut jugée un cas pendable.

Ainsi, non content de le condamner pour une faute aussi vénielle, on l'injurie, on le traite de *pelé*, de *galeux*, parce qu'on ne craint point les représailles. Et quelle vérité dans ce cri qui dépeint si bien l'indignation feinte !

> Manger l'herbe d'autrui : quel crime abominable !

On croit entendre tous les animaux hurlant en chœur, comme pour se donner du courage avant de mettre à mort le pauvre baudet.

> Rien que la mort n'étoit capable
> D'expier son forfait. On le lui fit bien voir.

La morale de cette fable est tellement claire que La Fontaine eût pu se dispenser de la formuler, comme il a fait pour *le Chêne et le Roseau*. Qui ne sait, en effet, que les courtisans prennent toujours conseil de la prudence quand ils jugent un des leurs ? Ils le ménagent habilement s'ils savent qu'il jouit de la faveur du monarque, et, pareils au renard et au loup, ils ne s'attaquent qu'à ceux qu'ils savent discrédités et incapables de se défendre.

C'est ainsi que l'on juge *à la cour* des rois ; c'est ainsi que l'on juge aussi trop souvent dans le monde, où, comme dit Sosie dans l'*Amphytrion*, de Molière,

> Selon ce que l'on peut être
> Les choses changent de nom.

Mais toute conscience droite proteste énergiquement contre ces injustices.

XVI. — Le mal marié (1).

Que le bon soit toujours camarade du beau,
    Dès demain je chercherai femme ;
Mais comme le divorce entre eux n'est pas nouveau,
Et que peu de beaux corps, hôtes d'une belle âme,
    Assemblent l'un et l'autre point,
Ne trouvez pas mauvais que je ne cherche point.
J'ai vu beaucoup d'hymens, aucuns d'eux ne me tentent.
Cependant des humains presque les quatre parts
S'exposent hardiment au plus grand des hasards.
Les quatre parts aussi des humains se repentent.
J'en vais alléguer un qui, s'étant repenti,
    Ne put trouver d'autre parti
    Que de renvoyer son épouse
    Querelleuse, avare et jalouse.
Rien ne la contentoit ; rien n'étoit comme il faut.
On se levoit trop tard, on se couchoit trop tôt ;
Puis du blanc, puis du noir, puis encore autre chose.
Les valets enrageoient ; l'époux étoit à bout ;
Monsieur ne songe à rien ; monsieur dépense tout ;
    Monsieur court, monsieur se repose.
Elle en dit tant que Monsieur, à la fin,
    Lassé d'entendre un tel lutin,
    Vous la renvoie à la campagne
Chez ses parents. La voilà donc compagne
De certaines Philis qui gardent les dindons,
    Avec les gardeurs de cochons.
Au bout de quelque temps qu'on la crut adoucie,
Le mari la reprend. Eh bien ? qu'avez-vous fait ?
    Comment passiez-vous votre vie ?
L'innocence des champs est-elle votre fait ?
    — Assez ! dit-elle ; mais ma peine
Etoit de voir les gens plus paresseux qu'ici ;
    Ils n'ont des travaux nul souci.
Je leur savois bien dire, et m'attirois la haine.
    De tous ces gens si peu soigneux.
Eh ! Madame, reprit son mari tout à l'heure,

---

(1) Ce titre est emprunté au langage du nord de la France, où l'on dit familièrement *un mal marié* : ce qui n'est pas français.

Si votre esprit est si hargneux
Que le monde qui ne demeure
Qu'un moment avec vous et ne revient qu'au soir
Est déjà lassé de vous voir,
Que feront des valets qui, toute la journée,
Vous verront contre eux déchaînée?
Et que pourra faire un époux
Que vous voulez qui soit jour et nuit avec vous?
Retournez au village : adieu. Si, de ma vie,
Je vous rappelle, et qu'il m'en prenne envie,
Puissé-je chez les morts avoir, pour mes péchés,
Deux femmes comme vous sans cesse à mes côtés!

ANALYSE

La Fontaine n'a jamais passé pour le modèle des maris. Le second vers de cette fable semblerait même indiquer qu'il ne se souvenait plus, quand il la composa, que sa femme vivait encore. La négligence qu'il apportait dans la gestion de ses affaires, son insouciance et d'autres écarts moins pardonnables encore, auraient pu rendre *querelleuse, avare et jalouse* la meilleure et la plus patiente des femmes. Notre poète n'a donc point l'autorité nécessaire pour blâmer les défauts qu'il a dépeints dans cette petite satire : le caractère de la femme acariâtre et grondeuse n'en est pas moins tracé avec toute la vérité et toute la vigueur que donne ordinairement la haine des choses dont on a longtemps souffert.

Les premiers vers de cet apologue sont tellement mordants que l'on croit lire le début d'une satire

Que le bon soit toujours *camarade* du beau,

c'est-à-dire que la beauté physique accompagne toujours une belle âme et soit comme l'annonce des plus belles qualités,

Dès demain *je chercherai femme*

Ce début a toute la familiarité d'un conte; les expressions *camarade du beau* — *je chercherai femme* sont empruntées au langage de la conversation familière : c'est que le poète va faire passer sous nos yeux le tableau de petites tracasseries où le style sublime serait tout à fait déplacé. Notre poète, feignant un instant d'oublier que Mme La Fontaine n'est pas morte, continue ainsi :

> Mais comme le divorce entre eux n'est pas nouveau,

c'est-à-dire, comme ce n'est chose ni nouvelle, ni étrange que la *beauté* et la *bonté* soient séparées,

> Et que peu de beaux corps, hôtes d'une belle âme,
>   Assemblent l'un et l'autre point,

c'est-à-dire présentent ces deux points, ces deux qualités, la beauté du corps et la beauté de l'âme, réunies,

> Ne trouvez pas mauvais que je ne cherche point,

Le poète avait, pour ne pas chercher, une raison beaucoup plus sérieuse : la réflexion n'en est que plus plaisante. L'aversion qu'il éprouvait pour toute sorte de contrainte, et, en particulier, pour des devoirs qui paraissent si assujettissants quand on ne s'y soumet qu'à regret, tandis qu'ils semblent si doux quand on les remplit de bon cœur; une sorte de prédisposition naturelle qui portait le fabuliste à remarquer surtout les inconvénients du mariage, lui ont dicté les vers suivants :

> J'ai vu beaucoup d'hymens; *aucuns* (1) d'eux ne me tentent.
> Cependant des humains presque les quatre parts
> S'exposent hardiment au plus grand des hasards.

On a dit de tout temps qu'il est fort difficile de trouver un couple dont l'humeur sympathise, et que c'est par

---

(1) *Aucuns* ne peut se dire correctement au pluriel dans une proposition négative, puisqu'il signifie *pas un*. Il ne peut prendre ce nombre que quand il est mis pour *quelques-uns*.

le plus grand des hasards que l'on peut rencontrer deux personnes dont les caractères soient bien assortis. Mais la hardiesse avec laquelle on s'expose à ce péril est beaucoup moins grande que ne le dit le poète, puisqu'elle est si générale et si commune, et il n'est pas bien sûr, comme il l'insinue malicieusement, que

> Les quatre parts aussi des humains se repentent.

Ce serait déjà bien assez certainement qu'il y en eût seulement la moitié!

Enfin, parmi toute cette multitude de mécontents, La Fontaine va citer un exemple :

> J'en vais alléguer un qui, s'étant repenti,
> Ne put trouver d'autre parti
> Que de renvoyer son épouse
> Querelleuse, avare et jalouse.

La Fontaine aurait pu avoir la main plus heureuse : renvoyer sa femme parce qu'on en est mécontent, est un procédé fort commode pour un mari; mais le remède, outre qu'il ne guérit rien, n'est pas toujours facilement applicable. On ne répare pas toujours aussi commodément la faute que l'on a commise en faisant un mauvais choix. Et d'ailleurs, qu'un mari mérite bien d'être puni quand il a été assez aveugle pour ne point deviner, à quelques détails, qu'il allait tomber sous le joug d'une mégère aussi détestable!

> Rien ne la contentoit; rien n'étoit comme il faut.
> On se levoit trop tard; on se couchoit trop tôt;

Et le poète continue sur le ton le plus familier :

> Puis du blanc, puis du noir, puis encore autre chose.
> Les valets enrageoient; l'époux étoit à bout;

Il avait épuisé toute sa patience et tous ses arguments, mais en vain. Sa femme lui répétait sans se lasser ce que Mme de La Fontaine avait tant de raison de dire à son mari :

> Monsieur ne songe à rien ; monsieur dépense tout ;
> Monsieur court, monsieur se repose.

Un mari, surtout quand il se sent quelque peu en faute, ne supporte pas longtemps de pareils reproches.

> Elle en dit tant, que Monsieur à la fin,
> Lassé d'entendre *un tel lutin*,

c'est-à-dire un petit démon si ardent à dire la vérité,

> *Vous la renvoie* à la campagne
> Chez ses parents.....

Sans plus de cérémonies! Voilà une solution commode! Ce qui étonne un peu, c'est qu'un pareil lutin ait si facilement consenti à s'en aller dans sa famille, surtout pour tenir compagnie à des gardeuses de dindons? Enfin nous sommes bien forcés de croire La Fontaine.....

> ..... La voilà donc compagne
> De certaines Philis qui gardent les dindons,
> Avec les gardeurs de cochons.

C'est dans cette aimable société que son intelligent mari l'envoie prendre des exemples de savoir-vivre et faire pénitence. Il pouvait certainement mieux choisir.

> Au bout de quelque temps *qu'on* la crut adoucie,

c'est-à-dire *lorsqu'au* bout de quelque temps on la crut revenue à une humeur plus douce, sous l'influence de la société choisie qu'elle fréquentait.

> Le mari *la reprend*.....

Voilà un mari qui manquait sans aucun doute de jugement. Les questions qu'il adresse à sa femme, empreintes d'une ironie peu dissimulée, ne prouvent pas non plus qu'il fût bien habile.

> ..... Eh bien? qu'avez-vous fait?

Il est fort difficile de montrer plus de maladresse, et certainement ce mari méritait bien toutes les rigueurs dont il se plaignait. Comment! il relègue sa femme à la campagne parce qu'elle lui fatiguait sans cesse les oreilles de ses récriminations; et, quand *il la reprend*, comme on reprend un objet qui avait un moment cessé de plaire, les premières paroles qu'il lui adresse sont des sarcasmes!

L'innocence des champs est-elle votre fait?

Il l'humilie plus cruellement qu'un enfant qu'on aurait mis en pénitence. Décidément La Fontaine a bien mal choisi son mari!

Ce qui prouve que le lutin s'était cependant radouci dans la vie des champs, c'est qu'au lieu d'éclater, il se contente de cette réponse :

— Assez! dit-elle ; mais ma peine
Était de voir les gens plus paresseux qu'ici ;
Ils n'ont des troupeaux nul souci.
Je leur savois bien dire, et m'attirois *la haine*
De tous ces gens *si peu soigneux.*

En vérité il est difficile de trouver rien à reprendre dans les paroles de cette femme soigneuse et économe, et l'on ne peut s'empêcher de rejeter tous les torts sur son mari. Il arrive d'ordinaire que les paresseux s'insurgent contre ceux qui font la guerre à leur incurie et à leur fainéantise ; mais il n'y a de coupables ici que les paresseux et ceux qui les approuvent, comme ce sot mari, si malheureusement choisi par La Fontaine : car il se déclare, contre l'économie un peu bruyante de sa femme, pour la fainéantise des valets :

Eh! Madame, reprit son mari *tout à l'heure,*

c'est-à-dire *sur le moment même,*

Si votre esprit est si hargneux
Que le monde qui ne demeure

> Qu'un moment avec vous et ne revient qu'au soir
>   Est déjà lassé de vous voir,
> Que feront des valets qui, toute la journée,
>   Vous verront contre eux déchaînée?

Eh bien! les laquais renonceront à leurs habitudes de paresse, et ne donneront plus l'occasion de les tourmenter, ou bien leur maître les chassera!

>   Et que pourra faire un époux
> Que vous voulez qui soit jour et nuit avec vous?

Eh! mon Dieu! *l'époux* s'appliquera à ne plus mériter de reproches. Il fera en sorte qu'on ne puisse plus lui dire ce que dut entendre si souvent La Fontaine :

> Monsieur ne songe à rien; monsieur dépense tout:
>   Monsieur court; monsieur se repose.

Et le feu s'éteindra faute d'aliments..... Mais non; cette solution ne pouvait se présenter à l'esprit de notre poète. La Fontaine avait déserté le logis; le mari qu'il nous propose pour exemple, dit à sa femme :

> *Retournez au village* : adieu. Si, de ma vie,
>   Je vous rappelle, ET (1) qu'il m'en prenne envie,
> Puissé-je chez les morts avoir, pour mes péchés,
> Deux femmes comme vous sans cesse à mes côtés!

Le trait est spirituel et terminerait agréablement un conte. Il est déplacé dans une fable, qui doit, le poète l'a dit lui-même dans sa préface, *accoutumer le lecteur à la sagesse et à la vertu.*

---

(1) *Ou* vaudrait mieux ici.

XV. — Le rat qui s'est retiré du monde.

Les Levantins en leur légende
Disent qu'un certain rat, las des soins d'ici-bas,
Dans un fromage de Hollande
Se retira loin du tracas.
La solitude étoit profonde,
S'étendant partout à la ronde.
Notre ermite nouveau subsistoit là-dedans.
Il fit tant, de pieds et de dents,
Qu'en peu de jours il eut au fond de l'ermitage
Le vivre et le couvert : que faut-il davantage?
Il devint gros et gras : Dieu prodigue ses biens
A ceux qui font vœu d'être siens.
Un jour au dévot personnage
Des députés du peuple rat
S'en vinrent demander quelque aumône légère :
Ils alloient en terre étrangère
Chercher quelque secours contre le peuple chat ;
Ratopolis étoit bloquée ;
On les avoit contraints de partir sans argent,
Attendu l'état indigent
De la république attaquée.
Ils demandoient fort peu, certains que le secours
Seroit prêt dans quatre ou cinq jours.
« Mes amis, dit le solitaire,
Les choses d'ici-bas ne me regardent plus :
En quoi peut un pauvre reclus
Vous assister? que peut-il faire
Que de prier le ciel qu'il vous aide en ceci?
J'espère qu'il aura de vous quelque souci. »
Ayant parlé de cette sorte,
Le nouveau saint ferma sa porte.
Qui désigné-je, à votre avis,
Par ce rat si peu secourable?
Un moine? Non, mais un dervis.
Je suppose qu'un moine est toujours charitable.

ANALYSE.

Le *moi*, dit Pascal, est haïssable; et, en vérité, il n'est
rien que nous haïssions et que nous méprisions comme

ces égoïstes qui laisseraient périr leur semblable plutôt
que de se priver d'une parcelle de leurs biens. Cette indifférence est odieuse, et l'on ne saurait trouver des
termes trop énergiques pour la flétrir. Excusons La Fontaine de n'avoir point eu pour elle « ces haines vigou-
reuses » que le vice soulève dans les âmes vertueuses.
Notre poète était peut-être prédisposé par sa nature à
regarder avec indulgence ceux qui préfèrent à l'accomplissement de tous les devoirs, la solitude des bois et
une agréable retraite dans les domaines de quelque opu-
lent protecteur. Il a d'ailleurs rendu très odieux l'égoïsme
de son rat ; et peut-être est-ce assez d'un bon mot pour
flétrir une indifférence qui n'a jamais été dans les mœurs
des Français.

Le poète a très habilement transporté la scène dans
les pays orientaux : on ne l'accusera pas d'attaquer les
religieux de son pays.

> Les Levantins, en leur légende,

c'est-à-dire les peuples du Levant, les Orientaux, dans
leurs histoires,

> Disent qu'un certain rat, las des soins d'ici-bas,
>   Dans un fromage de Hollande
>   Se retira loin du tracas.

Le mot *soins*, dont l'étymologie est douteuse, a ici le
sens de *soucis*. Il est plaisant qu'un rat de l'Orient cherche
un refuge dans un fromage de Hollande : après tout, on
en exporte si loin des quantités considérables ! On sait
que ces fromages ont la forme de grosses boules et sont
colorées extérieurement en rouge.

> La solitude était profonde,
> S'étendant partout à la ronde.

Naturellement, puisque notre rat habitait l'intérieur
d'une sphère.

> Notre ermite nouveau subsistoit là-dedans.
>   Il fit tant, de pieds et de dents,

Qu'en peu de jours il eut au fond de l'ermitage
Le vivre et le couvert : que faut-il davantage ?

Renvoyons La Fontaine à La Fontaine lui-même. Dans la fable des *Deux pigeons,* il s'exprime ainsi :

Hélas! dirai-je, il pleut ;
Mon frère a-t-il tout ce qu'il veut,
Bon dîner, bon gîte, et le reste?

Il est vrai qu'ici le poète parle d'un ermite qui a définitivement renoncé aux honneurs et aux plaisirs.

On n'habite pas impunément la cavité solitaire d'un fromage de Hollande : ce mets est des plus nourrissants.

Il devint gros et gras,

et, comme Tartufe,

. . . . Se portait à merveille,
Gros et gras, le teint frais et la mine vermeille. (MOLIÈRE.)

Le poète ajoute avec une malicieuse ironie :

. . . . . Dieu prodigue *ses biens*
A ceux qui font vœu d'être siens.

Notre rat avait donc tout en abondance dans sa retraite, et rien ne devait moins lui coûter qu'une petite aumône. Nous allons voir comment sa bienfaisance se tirera de l'épreuve à laquelle on la soumet.

Un jour, au dévot personnage
Des députés du peuple rat
S'en vinrent demander quelque aumône légère ;

Et voyez combien leur demande était légitime !

Ils alloient en terre étrangère
Chercher quelque secours contre le peuple chat ;
Ratopolis étoit bloquée :

Ainsi la capitale des rats — Ratopolis — courait le plus grand danger; la patrie était menacée! et même

> On les avoit contraints de partir *sans argent*,
>   Attendu l'état indigent
>   De la république attaquée.

Où trouver des raisons qui commandent plus impérieusement la charité? Le refus de notre ermite n'en paraîtra que plus odieux, surtout si l'on considère que ses frères lui demandaient bien peu de chose!

> Ils demandoient fort peu, certains que le secours
>   Seroit prêt dans quatre ou cinq jours.

Notre dévot personnage, qui se trouve fort bien dans sa retraite, ne se soucie nullement de sacrifier la plus petite parcelle de son succulent fromage. Avec la duplicité de Tartufe, il allègue sa pauvreté, son détachement des choses de la terre. Sa réponse est un modèle d'hypocrisie.

> Mes amis, dit le solitaire,
> Les choses d'ici-bas ne me regardent plus;
>   En quoi peut *un pauvre reclus*
>   Vous assister? Que peut-il faire
> Que de prier le Ciel qu'il vous aide en ceci?

Il ne veut point cependant les congédier sans leur donner..... ce qui ne coûte rien : une petite espérance!

> *J'espère* qu'il aura de vous *quelque* souci.

Et, pressé de rentrer dans sa grasse solitude pour échapper à l'importunité de ces demandeurs,

> Ayant parlé de cette sorte,
> Le nouveau saint *ferma sa porte*.

Ainsi, non content de se montrer insensible aux malheurs de ses frères, il les traite encore avec dureté et les humilie en leur fermant la porte au nez! Il était difficile de pousser plus loin l'égoïsme.

Et le poète termine par ces réflexions malicieuses :

> Que désigné-je, à votre avis,
> Par ce rat si peu secourable?
> Un moine?

Évidemment non ; le coup serait trop fort s'il portait droit. En plaçant la scène chez les Levantins, La Fontaine s'est ménagé le moyen de donner un tour plus piquant à son épigramme. Le lecteur comprendra bien ce qu'il veut dire quand il répond

. . . . . Non, mais un dervis,

et il ne se laissera point prendre à cette hypothèse, toute pleine d'une candeur malicieuse :

Je suppose qu'un moine est toujours charitable.

XVI. — Le héron.

Un jour, sur ses longs pieds, alloit je ne sais où,
Le héron au long bec emmanché d'un long cou :
   Il côtoyoit une rivière.
L'onde étoit transparente ainsi qu'aux plus beaux jours :
Ma commère la carpe y faisoit mille tours
   Avec le brochet son compère.
Le héron en eût fait aisément son profit :
Tous approchoient du bord ; l'oiseau n'avoit qu'à prendre,
   Mais il crut mieux faire d'attendre
   Qu'il eût un peu plus d'appétit :
Il vivoit de régime, et mangeoit à ses heures.
Après quelques moments l'appétit vint : l'oiseau,
   S'approchant du bord, vit sur l'eau
Des tanches qui sortoient du fond de ces demeures.
Le mets ne lui plut pas ; il s'attendoit à mieux,
   Et montroit un goût dédaigneux
   Comme le rat du bon Horace.
« Moi, des tanches ! dit-il ; moi, héron, que je fasse
Une si pauvre chère ! Et pour qui me prend-on ? »
La tanche rebutée, il trouva du goujon.
« Du goujon ! c'est bien là le dîner d'un héron !
J'ouvrirois pour si peu le bec ! aux dieux ne plaise ! »
Il l'ouvrit pour bien moins : tout alla de façon
   Qu'il ne vit plus aucun poisson.
La faim le prit : il fut tout heureux et tout aise
   De rencontrer un limaçon.

   Ne soyons pas si difficiles :
Les plus accommodants, ce sont les plus habiles ;
On hasarde de perdre en voulant trop gagner.
   Gardez-vous de rien dédaigner.

EXPLICATIONS (1).

Longs pieds, *long* bec, *long* cou. Remarquez cette *répé-*

---

(1) On peut demander aux élèves l'explication d'un texte au lieu d'une analyse suivie. Nous en donnons ici un exemple.

tition de l'adjectif *long*, dont le but est de peindre l'extérieur de l'oiseau, qui semble en effet n'être composé que de trois longues parties assez mal adaptées à un corps d'une maigreur extrême. Le bec est *emmanché* au cou comme un instrument aratoire. Ce tableau rend déjà l'oiseau *grotesque* extérieurement ; la Fontaine va le couvrir de *ridicule* en dépeignant sa sottise. — *Je ne sais où.* En effet le héron s'avance gauchement, et semble marcher sans but déterminé, comme un chasseur qu'il est. — *L'onde* est une expression poétique.

Ma commère. La Fontaine, qui voit toujours des hommes sous le déguisement des animaux, prête volontiers à ces derniers des titres, des dénominations tirées de la vie commune. Les lions, les loups, les tigres, bêtes cruelles, représentent les *puissants* de la terre. Il les traite en *rois*, les qualifie de *sire*. Il donne des titres plus modestes aux animaux moins carnassiers ou moins robustes : *maître* renard, *maître* corbeau, *dame* belette. C'est ainsi qu'il appelle *commère* et *compère* la carpe et le brochet, gros poissons qui vivent dans les étangs et les rivières. Ces deux termes désignent *proprement* le *parrain* et la *marraine* d'un même enfant. Le parrain appelle la marraine sa *commère*, et réciproquement. — *Mille tours.* Ce vers est très pittoresque, et montre parfaitement l'allure des poissons qui semblent se détourner à tout instant sans autre motif que leur caprice.

Profit, c'est-à-dire les eût aisément pêchés et mangés : il pouvait facilement et sans se déranger *profiter* de l'occasion. — *Crut mieux faire.* La Fontaine, qui veut se servir de cet oiseau pour nous donner une leçon, va lui faire commettre coup sur coup plusieurs sottises dont il sera ensuite sévèrement puni. Il commence par lui prêter une réflexion ridicule : il *crut mieux faire* d'attendre. Comme s'il ne pouvait pas pêcher tout de suite ce poisson et le manger un peu plus tard ! Mais non ; c'était un personnage *méthodique*. — *Il vivait de régime*, c'est-à-dire, il réglait ses repas, mangeait de *certaines choses* et dans une *certaine* mesure, et ne changeait jamais ses heures !

S'approchant. Ce ne sont plus les poissons qui s'approchent, comme plus haut. Le héron fait les premiers pas.

Tanches. Ce poisson vit ordinairement au fond de l'eau. Aussi le poète ajoute : qui sortaient *du fond* de ces *demeures,* c'est-à-dire, de cet étang. La chair de la carpe est très délicate. La tanche est fine aussi, mais il faut, avant de la manger, la tenir quelques jours dans une eau bien claire, afin de lui faire perdre l'odeur de vase qu'elle contracte au fond des viviers.

Ne lui plut pas. Effectivement, après le brochet et la carpe, la tanche présentait un mets moins savoureux. Le sot héron va donc attendre un plat meilleur, mais ses déceptions deviendront toujours de plus en plus cruelles. — *Le rat du bon Horace.* Ce rat, dont parle le poète Horace, qui vivait à Rome sous l'empereur Auguste, était un *rat de ville,* qui avait été invité à dîner par le *rat des champs.* La Fontaine a imité cet apologue, et nous montre *le rat de ville* ne touchant que du bout des dents aux mets grossiers qu'on lui présente. — Quant à l'épithète de *bon,* c'est un terme familier que l'on emploie aussi de nos jours pour désigner La Fontaine, dont la lecture est très attachante, nous charme, nous est *bonne.* Cette épithète s'applique surtout aux *œuvres* du poète.

Moi! des tanches! Ce cri peint admirablement la *suffisance* du sot oiseau. Remarquez la répétition. — *Moi! héron! pauvre chère!* Ce mot chère vient d'un mot latin qui signifie *mine :* faire bonne *mine,* faire mauvaise *mine* à quelqu'un, c'est lui faire bon ou mauvais *accueil,* le traiter, le recevoir *bien* ou *mal,* lui offrir un pauvre, un maigre ou un bon et succulent repas. — Remarquez le naturel de ce vers : « Et pour qui me prend-on ? » qui peint à merveille le sot orgueil du héron, qui s'imagine que les poissons les plus délicats doivent venir se faire prendre par égard pour sa majesté !

Du goujon! la gradation descendante continue. — *J'ouvrirais pour si peu le bec!* Le fait est qu'un pauvre petit goujon ferait bien maigre figure dans ce bec énorme. Aussi, quel châtiment d'être forcé de l'ouvrir, cette immense ouverture, pour engloutir... un limaçon! Et encore, est-il tout heureux de cette misérable aubaine!

Accommodants, c'est-à-dire ceux qui savent *se prêter* aux circonstances et profiter de l'occasion, au moment où elle se présente. — *On hasarde.* Ce vers est devenu proverbial.

Rien, c'est-à-dire les plus minces profits, les plus petites aubaines. La Fontaine insiste sur cette moralité. Non content de la répéter ici, il l'a développée de nouveau dans une fable intitulée *la Fille.* En effet, cette morale est d'un usage si fréquent qu'il faudrait toujours l'avoir sous les yeux.

La fille.

Certaine fille, un peu trop fière,
  Prétendoit trouver un mari
Jeune, bien fait et beau, d'agréable manière,
Point froid et point jaloux : notez ces deux points-ci.
  Cette fille vouloit aussi
  Qu'il eût du bien, de la naissance,
De l'esprit, enfin tout. Mais qui peut tout avoir ?
Le destin se montra soigneux de la pourvoir :
  Il vint des partis d'importance ;
La belle les trouva trop chétifs de moitié.
Quoi ! moi ! quoi ! ces gens-là ! L'on radote, je pense.
A moi les proposer ! hélas ! ils font pitié :
  Voyez un peu la belle espèce !
L'un n'avoit en l'esprit nulle délicatesse ;
L'autre avoit le nez fait de cette façon-là ;
  C'étoit ceci ; c'étoit cela ;
  C'étoit tout, car les précieuses
  Font dessus tout les dédaigneuses.
Après les bons partis, les médiocres gens,
  Vinrent se mettre sur les rangs :
Elle de se moquer. Ah ! vraiment, je suis bonne
De leur ouvrir la porte ! Ils pensent que je suis
  Fort en peine de ma personne ;
  Grâce à Dieu, je passe les nuits
  Sans chagrin, quoique en solitude.
La belle se sut gré de tous ces sentiments.
L'âge la fit déchoir : adieu tous les amants.
Un an se passe, et deux, avec inquiétude.
Le chagrin vient ensuite ; elle sent chaque jour
Déloger quelques Ris, quelques Jeux, puis l'Amour ;
  Puis ses traits choquer et déplaire ;
Puis cent sortes de fards. Ses soins ne purent faire
Qu'elle échappât au Temps, cet insigne larron.
  Les ruines d'une maison
Se peuvent réparer ; que n'est cet avantage
  Pour les ruines du visage !
Sa préciosité changea lors de langage.
Son miroir lui disoit : prenez vite un mari !
Je ne sais quel désir le lui disoit aussi :

Le désir peut loger chez une précieuse.
Celle-ci fit un choix qu'on n'auroit jamais cru,
Se trouvant à la fin tout aise et tout heureuse
De rencontrer un malotru.

ANALYSE.

La Fontaine ne se contente pas de donner, dans la
fable du *Héron*, une leçon à ceux *qui ont le goût difficile.*
Après nous avoir mis en garde contre les délicatesses
excessives du palais, le poète va nous apprendre, dans la
fable de *la Fille*, qu'il ne faut point s'opiniâtrer à la re-
cherche d'une perfection absolue dans ce monde, et qu'en
mariage, comme ailleurs, *le mieux* est fort souvent l'ennemi du *bien.*

> Certaine fille, un peu trop *fière,*
> *Prétendoit* trouver un mari
> Jeune, bien fait et beau, d'agréable manière,
> Point froid et point jaloux : notez ces deux points-ci.

En vérité, cette fille était bien exigeante, et ses prétentions ne pouvaient naître que d'une grande infatuation
d'elle-même. Le mot *fière,* dont se sert le fabuliste, s'emploie continuellement, dans le nord de la France, avec le
sens d'*orgueilleux.* Or, on sait que *l'orgueil* est une opinion exagérée de notre propre mérite, tandis que la *fierté*
est un sentiment de notre dignité qui nous empêche de rien
faire qui nous rabaisse aux yeux d'autrui. Cette fille était
donc, à proprement parler, par trop orgueilleuse. — Quant
à *prétendait,* la même expression se retrouve dans la fable
de *la Laitière.* — D'*agréable manière :* le singulier a été
préféré parce qu'il rime avec *fière;* on dit d'ordinaire en
prose : d'agréables manières, dont les manières plaisent.
— La jalousie est tellement naturelle chez un mari, dont
l'affection est trop vive, que l'on n'imagine pas qu'il s'en
puisse trouver un seul qui soit « *point froid et point
jaloux.* » Le poète ajoute donc « notez ces deux points-
ci, » pour nous faire remarquer combien les exigences

de cette fille étaient exagérées et d'une réalisation impossible. Mais elle avait encore d'autres *prétentions!*

> Cette fille vouloit aussi
> Qu'il eût du bien, de la naissance,
> De l'esprit, enfin tout.

Et le fabuliste ajoute plaisamment :

> . . . . Mais qui peut tout avoir ?

Eh bien! cette fille, tout exigeante qu'elle était, fut d'abord, comme le héron, servie à souhait.

> Le destin se montra *soigneux* de la pourvoir,

c'est-à-dire *soucieux* de lui envoyer des prétendants tels qu'elle aurait pu les accepter. [Comparez : Eh bien ! défendez-vous au sage de *se donner des soins* pour le plaisir d'autrui ?]

> Il vint des partis d'importance ;

c'est-à-dire des prétendants dont la fortune et le mérite étaient importants, considérables.

L'orgueil de cette fille indispose contre elle le fabuliste lui-même, qui va la traiter sans cérémonie. Il y a une pointe d'ironie dans l'expression familière dont il se sert pour la désigner :

> *La belle* les trouva trop *chétifs* de moitié,

c'est-à-dire inférieurs de moitié à ce qu'elle attendait. *Chétif* vient d'un mot latin (*captivum*), qui signifie *prisonnier*. Les *captifs*, manquant d'air, de nourriture et d'exercice, maigrissent, s'étiolent et deviennent *chétifs*.

Irritée qu'on ait osé lui présenter d'aussi infimes personnages, la fille s'écrie, comme le héron, mais avec une indignation beaucoup plus vive et qui précipite les interjections :

> *Quoi? moi! quoi!* ces gens-là !

Comment pourrait-elle prendre au sérieux de pareilles propositions !

. . . . . . l'on radote, je pense,
A moi les proposer! hélas! ils font pitié :

Et comme l'exagération de l'orgueil ne va jamais sans
quelque impertinence, elle ajoute :

Voyez un peu la belle espèce !

Le poète expose ensuite en détail les défauts qu'elle
remarquait chez les prétendants :

L'un n'avoit en l'esprit nulle délicatesse ;
L'autre avoit le nez fait de cette façon-là ;
    C'étoit ceci; c'étoit cela ;
    C'étoit tout, car les précieuses
    Font dessus tout les dédaigneuses.

Ces vers de La Fontaine font penser aux Précieuses
que Molière a ridiculisées dans une de ses pièces.
Le fabuliste n'est pas moins bien inspiré que le poète
comique, et l'on dirait que, comme lui, il a été témoin des *manières* de ces femmes qui poussaient la préciosité jusqu'au grotesque et ne pouvaient supporter le
naturel.

La fille va subir le même châtiment que le héron.

Après les bons partis, les *médiocres* gens

c'est-à-dire les prétendants de condition médiocre,
intermédiaire entre l'opulence et la pauvreté.

Vinrent *se mettre sur les rangs,*

et demander la main de la demoiselle.

Elle de se moquer.

phrase elliptique imitée du latin, et que le poète a aussi
employée dans la fable des *Grenouilles*.

Ce tour est très rapide. Le passage du style de la narration au style direct ajoute encore à la vivacité du
récit :

>   . . .   Ah ! vraiment, je suis bonne
> De leur *ouvrir la porte !*

c'est-à-dire de les recevoir et d'écouter leur demande.

>   . . . . Ils pensent que je suis
> Fort *en peine de ma personne :*

et très inquiète de savoir si je trouverai un homme qui veuille m'épouser. Le dépit qu'elle commence à sentir se montre dans les raisons qu'elle allègue et dans les expressions dont elle se sert :

> Grâce à Dieu, je passe les nuits
> Sans chagrin, quoique en solitude.

Ceux qui font ce que l'on appelle des coups de tête, s'admirent eux-mêmes pendant quelque temps : ils prennent pour de la grandeur ce qui n'en a que l'apparence, et sont un moment leurs propres dupes. Aussi,

> *La belle* se sut gré de tous ces sentiments.

Mais sa déception, comme celle du héron, n'en fut que plus amère :

> L'âge la fit déchoir : adieu tous les amants.
> Un an se passe, et deux, *avec inquiétude.*

La voilà donc enfin *en peine de sa personne.* En voyant disparaître sa beauté, elle commence à se repentir de son orgueil.

> Le chagrin vient ensuite ; elle sent chaque jour
> Déloger quelques Ris, quelques Jeux, puis l'Amour.

On sait que les Jeux et les Ris étaient des divinités fabuleuses qui folâtraient, avec Cupidon, autour de la déesse Vénus. La Fontaine a dit : dans la *Jeune Veuve :*

> Toute la bande des amours
> Revient au colombier

Enfin, la punition se complète :

> Puis ses traits choquer et déplaire :
> Puis cent sortes de fards.

La voilà, comme le héron *s'approchant du bord*, réduite à aller au-devant des prétendants, et à employer *cent sortes de fards* pour leur dissimuler son âge. Hélas ! ce fut en vain.

> . . . . . Ses soins ne purent faire
> Qu'elle échappât au Temps, cet *insigne* larron,

c'est-à-dire ce larron, ce voleur habile et *remarquable* entre tous les autres.

Et le poète ajoute finement :

> Les ruines d'une maison
> Se peuvent réparer; que n'est cet avantage
> Pour les ruines du visage !

Regret qui nous rappelle ces vers de Racine :

> . . . Elle eut soin de peindre et d'orner son visage
> Pour *réparer* des ans l'*irréparable* outrage,

Un défaut aussi insupportable que l'orgueil n'inspire aucune sympathie. Le châtiment de la fille n'attendrit pas le poète. Il l'avait appelée ironiquement la *belle :* le trait qu'il lui décoche en finissant n'est pas moins douloureux.

> Sa *préciosité* changea lors de langage.

Ce mot *préciosité* n'a pas été conservé dans la langue, et on peut le regretter.

> Son miroir lui disoit : prenez vite un mari!

Il était, en effet, bien temps de se hâter si elle ne voulait pas renoncer tout à fait au mariage. La Fontaine ajoute ensuite, comme s'il écrivait un conte :

> Je ne sais quel désir le lui disoit aussi :
> Le désir peut loger chez une précieuse.

Certainement la crainte qu'elle éprouvait de rester *vieille fille* était bien vive, puisqu'elle se résigna, comme le héron, à une très duré extrémité :

> Celle-ci fit un choix qu'on n'auroit jamais cru,
> Se trouvant à la fin *tout aise et tout heureuse*
> De rencontrer un malotru.

Notre poète, dans toutes ses fables, s'est montré fort sévère pour les femmes : le châtiment du héron était certainement moins cruel que celui qu'il inflige à cette fille orgueilleuse.

XVII. — Les souhaits.

Il est au Mogol des follets
Qui font office de valets,
Tiennent la maison propre, ont soin de l'équipage,
Et quelquefois du jardinage.
Si vous touchez à leur ouvrage,
Vous gâtez tout. Un d'eux près du Gange autrefois
Cultivoit le jardin d'un assez bon bourgeois.
Il travailloit sans bruit, avec beaucoup d'adresse,
Aimoit le maître et la maîtresse,
Et le jardin surtout. Dieu sait si les Zéphyrs,
Peuple ami du démon, l'assistoient dans sa tâche !
Le follet, de sa part, travaillant sans relâche,
Combloit ses hôtes de plaisirs.
Pour plus de marques de son zèle,
Chez ces gens pour toujours il se fût arrêté
Nonobstant la légèreté
A ses pareils si naturelle ;
Mais ses confrères les esprits
Firent tant que le chef de cette république,
Par caprice ou par politique,
Le changea bientôt de logis.
Ordre lui vient d'aller au fond de la Norvège
Prendre le soin d'une maison
En tout temps couverte de neige ;
Et d'Indou qu'il étoit on vous le fait Lapon.
Avant que de partir, l'esprit dit à ses hôtes :
« On m'oblige de vous quitter ;
Je ne sais pas pour quelles fautes :
Mais enfin il le faut. Je ne puis arrêter
Qu'un temps fort court, un mois, peut-être une semaine :
Employez-la ; formez trois souhaits : car je puis
Rendre trois souhaits accomplis ;
Trois, sans plus. » Souhaiter, ce n'est pas une peine
Etrange et nouvelle aux humains.
Ceux-ci, pour premier vœu, demandent l'Abondance,
Et l'Abondance à pleines mains
Verse en leurs coffres la finance,
En leurs greniers le blé, dans leurs caves les vins :
Tout en crève. Comment ranger cette chevance ?

Quels registres, quels soins, quel temps il leur fallut !
Tous deux sont empêchés si jamais on le fut.
  Les voleurs contre eux complotèrent ;
  Les grands seigneurs leur empruntèrent ;
Le prince les taxa. Voilà les pauvres gens
  Malheureux par trop de fortune.
« Otez-nous de ces biens l'affluence importune,
Dirent-ils l'un et l'autre : heureux les indigents !
La pauvreté vaut mieux qu'une telle richesse.
Retirez-vous, trésors ; fuyez : et toi, déesse,
Mère du bon esprit, compagne du repos,
O Médiocrité, reviens vite ! » A ces mots
La Médiocrité revient. On lui fait place :
  Avec elle ils rentrent en grâce,
Au bout de deux souhaits, étant aussi chanceux
  Qu'ils étaient, et que sont tous ceux
Qui souhaitent toujours et perdent en chimères
Le temps qu'ils feroient mieux de mettre à leurs affaires.
  Le follet en rit avec eux.
  Pour profiter de sa largesse,
Quand il voulut partir et qu'il fut sur le point,
  Ils demandèrent la Sagesse :
  C'est un trésor qui n'embarrasse point.

ANALYSE.

Un proverbe dit que « contentement passe richesse »
et le principe du contentement lui-même est la sagesse.
C'est la sagesse, en effet, qui nous apprend à modérer
nos désirs et à ne souhaiter que les biens véritables, en
nous montrant la vanité des titres, des grandeurs, et les
mille embarras auxquels les richesses exposent ceux
qui les possèdent. C'est d'un conte arabe, traduit ou
imité par des écrivains français, que la Fontaine a tiré
le fond de son apologue. La morale qui en découle si
naturellement, ne pouvait être présentée sous des
images plus aimables et plus gracieuses.
Le Mogol, ou Empire des Mongols, qui sera le théâtre
de l'action, était un État fondé en Asie, en 1505, par le
petit-fils de Tamerlan. Il était situé au nord de l'Hin-

doustan, et la plus grande partie est aujourd'hui soumise
à l'Angleterre. Le fabuliste a donc bien choisi la scène
où se passe ce fait merveilleux.

> Il est au Mogol des *follets*

c'est-à-dire des esprits, espèces de démons ou de divinités inférieures, familières et bienveillantes (1).

> Qui *font office* de valets

et, remplissant les mêmes fonctions que nos domes-
tiques,

> Tiennent la maison propre, ont soin de l'équipage,
> Et quelquefois du jardinage.

Mais ces divinités familières sont fort jalouses, et leur
amour-propre est des plus farouches :

> Si vous touchez à leur ouvrage
> Vous gâtez tout. — Un d'eux, près du Gange, autrefois
> Cultivoit le jardin d'un *assez bon* bourgeois.

C'est-à-dire, d'un bourgeois assez riche. Un bon bourgeois, dans le langage familier, désigne un *riche pro-
priétaire :* ce qui ne l'empêche pas d'ailleurs d'être
bon dans le sens propre du mot, comme on le verra
plus bas.

> Il travailloit sans bruit, avec beaucoup d'adresse,
> Aimoit le maître et la maîtresse

ce qui prouve que c'étaient d'honnêtes gens.

> Et le jardin surtout

prédilection bien naturelle chez un follet.

> . . . Dieu sait si les zéphyrs,

ces vents tièdes et légers, qui soufflent dans la belle
saison,

---

(1) Il ne faudrait pas donner ici au mot *démon* le sens diabolique qu'il a
dans les Pères de l'Église. *Démon* vient du grec, et veut dire *divinité, esprit.*

> Peuple ami du démon, l'assistoient dans sa tâche !
> Le follet, *de sa part*, travailloit sans relâche,
> Combloit ses hôtes de *plaisirs*,

et grâce au soin continuel que, de *son côté*, il prenait des plantes et des arbres du jardin, il couvrait de toutes sortes de délicatesses la table de ceux qui lui donnaient l'hospitalité. Mais il ne croyait pas leur donner encore assez de preuves d'attachement.

> Pour plus de marques de son zèle,
> Chez ces gens pour toujours *il se fût arrêté*,
> *Nonobstant* la légèreté
> A ses pareils si naturelle ;

c'est-à-dire, malgré la légèreté — cette légèreté (*non obstante*), ne faisant pas obstacle et ne pouvant l'empêcher de se fixer.

> Mais ses confrères les esprits

c'est-à-dire, les esprits, les démons, les follets ses confrères,

> Firent tant que le chef de cette république,
> Par caprice ou par politique,
> Le changea bientôt de logis.

C'était peut-être pour les deux motifs à la fois ; la politique a fait prendre quelquefois des mesures qui peuvent sembler fort capricieuses !

> Ordre lui vient. . .

sans qu'il s'y attende le moins du monde,

> . . . d'aller au fond de la Norvège
> Prendre le soin d'une maison
> En tout temps couverte de neige,
> Et d'Indou qu'il étoit on vous le fait Lapon.

La Fontaine, en vérité, ne pouvait mieux peindre les pérégrinations de ces pauvres *sujets* que le caprice d'un personnage hostile faisait jadis si facilement passer du midi au nord, sans aucune espèce d'égard. C'était l'époque des lettres de cachet.

> Avant que de partir, l'esprit dit à ses hôtes :
>   On m'oblige de vous quitter ;
>   Je ne sais pas pour quelles fautes ;
>   Mais enfin il le faut ; je ne puis *arrêter*

(expression du Nord qui signifie *tarder, s'arrêter*)

> Qu'un temps fort court, un mois, peut-être une semaine.

Quelle critique dans ce dernier vers !

L'esprit, usant généreusement des derniers moments pendant lesquels il peut exercer son pouvoir, continue :

> Employez-la : formez trois souhaits ; car je puis
>   *Rendre* trois souhaits *accomplis*,

tournure familière dans le Nord, où le terme propre ne vient pas tout de suite, comme à Paris, sur le bout des lèvres, mais s'allonge souvent en périphrase : (*rendre accomplis = accomplir.*)

Ce tour se rencontre assez souvent dans La Fontaine (1).

> Trois, sans plus.

et le poète, intervenant dans la fable, selon sa coutume, mêle au récit les réflexions de sa sagesse :

> . . . Souhaiter, ce n'est pas une peine
>   Étrange et nouvelle aux humains.
> Ceux-ci, pour premier vœu, demandent l'abondance

Ce désir était bien naturel ; rien ne séduit comme les richesses ; mais rien ne creuse un vide plus profond dans le cœur de celui qui ne possède que ces biens.

> Et l'abondance à pleines mains
> Verse en leurs coffres la *finance*,

---

(1) La Fontaine a dit de même, en parlant de l'avare :
    Il *avait* dans la terre une somme *enfouie*.

Nous avons déjà vu ce mot dans *le Savetier et le Financier* (1).

> En leurs greniers le blé, dans leurs caves les vins ;
> Tout en crève,

à l'instar de la grenouille qui s'enfla si bien qu'elle creva : mais ici, tout en crève, signifie : greniers et caves sont pleins jusqu'à crever.

> . . . Comment ranger *cette chevance ?*

Ce mot *chevance* a la même étymologie que *chevir*, venir à chef (*caput*, tête), c'est-à-dire venir à bout de se procurer, et désigne naturellement les biens que chaque individu est parvenu à acquérir, en un mot, ce que l'on possède *par tête.*

> Quels registres, quels soins, quel temps il leur fallut !
> Tous deux sont *empêchés* si jamais on le fut.

c'est-à-dire, si jamais quelqu'un fut embarrassé, ce fut bien ce couple, accablé par sa propre fortune.

> Les voleurs contre eux complotèrent ;

Et voilà leur premier châtiment ; de plus :

> Les grands seigneurs leur empruntèrent ;

Et comment refuser à des grands seigneurs !

> Le prince les taxa.

Ils auraient eu tort de se plaindre. On ne peut guère taxer que ceux qui ont le superflu.

> . . . . . Voilà les *pauvres gens*

(et on ne les confondra pas certainement avec les *gens pauvres.*)

> Malheureux par trop de fortune.

_____

(1) *Finance* vient du participe présent de *finer,* mener à fin, à l'aide de l'instrument *par excellence*, c'est-à-dire, l'argent.

c'est-à-dire parce qu'ils étaient trop riches ! Sénèque a
dit que le sage devait être à la hauteur de toutes les positions, même les plus brillantes, et savoir *supporter la
fortune.* Mais nos deux époux n'avaient pas encore de-
mandé la sagesse.

> Otez-nous de ces biens l'*affluence importune,*

c'est-à-dire, enlevez-nous ces richesses dont l'abondance
ne nous cause que des importunités et des ennuis.

> Disent-ils l'un et l'autre : Heureux les *indigents !*

Hélas ! ils avaient tort ; l'*indigent* n'a pas le nécessaire,
et bien que des mendiants illustres aient passé pour des
gens heureux, il est difficile de concilier le bonheur avec
les privations et les humiliations de tout genre. Horace
a dit : *aurea mediocritas,* — vive la médiocrité ! c'est-à-dire
le juste milieu entre la pauvreté et la richesse. L'indigent
manque du nécessaire ; le pauvre manque du superflu.
Quand La Fontaine dit : heureux les *indigents,* il parle de
ceux qui ne sont pas réduits à tendre la main. Il s'explique d'ailleurs :

> La *pauvreté* vaut mieux qu'une telle richesse.
> Retirez-vous, trésors, fuyez ; et toi, déesse,
> Mère du bon esprit, compagne du repos.

c'est-à-dire, toi qui inspires les sages pensées, toi, qui
nous rends sensés et assures notre tranquillité.

> O médiocrité, reviens vite !

ce qui prouve qu'ils n'étaient pas riches d'abord et mé-
ritaient de passer pour d'*assez bons* bourgeois.

> . . . . A ces mots
> La médiocrité revient. On lui fait place :
> Avec elle ils rentrent en grâce (se réconcilient).
> *Au bout de* deux souhaits, étant *aussi chanceux*
>   Qu'ils étoient et que sont tous ceux
> Qui souhaitent toujours et perdent en *chimères*
> Le temps qu'ils feraient mieux de mettre à leurs affaires.

— c'est-à-dire, ayant aussi peu de chance, de réussite, de bonheur après deux souhaits que ceux qui perdent dans de vains rêves un temps précieux.

Le follet *en rit* avec eux.

Ce follet fait penser à Jupiter, qui rit de même en entendant la requête des grenouilles.

> Pour profiter de sa largesse,
> Quand il voulut partir et qu'il fut sur le point,
> Ils demandèrent la sagesse.
> C'est un trésor qui n'embarrasse point.

Laissons de côté la facture de ce vers :

> Quand il voulut partir et qu'il fut sur le point,

Il eût été bien facile au poète de le rendre plus élégant et de le terminer par une rime plus riche que ce double *point*, qui n'est que le même mot pris dans deux sens différents (1); mais ne songeons qu'à la morale qui découle naturellement de cette fable, et souhaitons à tous ceux qui la lisent de suivre l'exemple du couple mongol.

Non seulement la sagesse n'embarrasse point, mais encore elle enseigne à supporter sans trop d'amertume les embarras et les déceptions de cette vie.

---

(1) *Point*, négation, veut dire : pas même aussi large, aussi gros, autant qu'*un point*; et le point n'a point d'étendue. *Pas* nie aussi, mais moins fortement : car un *pas* est autrement large qu'un point. « Mon ouvrage n'avance *point* » est donc plus énergique que « mon ouvrage n'avance *pas* ».

XIX. — Le coche et la mouche.

Lorsque La Fontaine publia, en 1668, les premiers
livres de ses apologues, il les donna modestement comme
une traduction en vers des fables d'Esope. Les deux
autres écrivains qu'il a imités le plus fréquemment sont
Phèdre et Bidpaï. Si l'on veut se rendre un compte
exact des emprunts qu'il a faits à ses devanciers, et de la
manière dont il les *traduisait*, il suffit de prendre au
hasard une de ses fables, et de la mettre en parallèle
avec le prétendu *original*. On verra que, par une contra-
diction singulière, le véritable *original* est ici le *traduc-
teur*. Horace s'écriait jadis « *Imitatores, servum pecus!
Imitateurs, race servile!* » Il retirerait certainement aujourd'hui cette apostrophe, s'il pouvait comparer avec
les fables de Phèdre les imitations de La Fontaine.

Pour que l'on ait sous les yeux les éléments de cette
comparaison, nous allons donner la traduction, aussi
littérale que possible, de la fable de Phèdre; on verra ensuite ce que La Fontaine a su tirer de ses *modèles*.

La mouche et la mule.

Une mouche se posa sur le timon d'*une voiture*, et, gour-
mandant la mule : « Que tu es lente! dit-elle; ne veux-tu pas
avancer plus vite? Prends garde qu'avec mon aiguillon je ne
te pique le cou! » — Celle-là répondit : « Je ne m'émeus point
de tes paroles; celui que je crains, c'est celui qui, assis sur le
siège de devant, règle ma course avec la lanière de son fouet,
et modère mon ardeur avec le frein que je couvre d'écume.
Débarrasse-nous donc de ta sotte arrogance; car je sais quand
je dois m'arrêter et quand je dois courir.

Cette fable montre bien le ridicule de ces gens qui, dépourvus
de force, profèrent de vaines menaces.

Le coche et la mouche.

Dans un chemin montant, sablonneux, malaisé,
Et de tous les côtés au soleil exposé,
    Six forts chevaux tiroient un coche.
Femmes, moines, vieillards, tout étoit descendu.

L'attelage suoit, souffloit, étoit rendu.
Une mouche survient, et des chevaux s'approche,
Prétend les animer par son bourdonnement;
Pique l'un, pique l'autre, et pense à tout moment
   Qu'elle fait aller la machine ;
S'assied sur le timon, sur le nez du cocher.
   Aussitôt que le char chemine,
   Et qu'elle voit les gens marcher,
Elle s'en attribue uniquement la gloire;
Va, vient, fait l'empressée : il semble que ce soit
Un sergent de bataille allant en chaque endroit
Faire avancer ses gens et hâter la victoire.
   La mouche en ce commun besoin,
Se plaint qu'elle agit seule, et qu'elle a tout le soin ;
Qu'aucun n'aide aux chevaux à se tirer d'affaire.
   Le moine disoit son bréviaire :
Il prenoit bien son temps ! une femme chantoit :
C'étoit bien de chansons qu'alors il s'agissoit !
Dame mouche s'en va chanter à leurs oreilles,
   Et fait cent sottises pareilles.
Après bien du travail, le coche arrive au haut.
« Respirons maintenant ! dit la mouche aussitôt :
J'ai tant fait que nos gens sont enfin dans la plaine.
Çà, messieurs les chevaux, payez-moi de ma peine. »
Ainsi certaines gens, faisant les empressés,
   S'introduisent dans les affaires :
   Ils font partout les nécessaires,
Et partout importuns, devraient être chassés.

ANALYSE.

La Fontaine, en *traduisant* cette fable, ne s'en est point
approprié la morale. Ceux qu'il vise ne sont point ces
faux braves qui reculent dès qu'on leur résiste avec courage, mais ces gens importuns qui, sous prétexte de nous
rendre service, nous obsèdent et nous fatiguent tellement
par leur maladroit empressement, que nous sommes
toujours tentés de leur adresser ces vers de Racine :

 « D'un zèle officieux que sert de vous parer?
 Quel fruit me revient-il de tous vos sacrifices? »

La moralité que La Fontaine a voulu tirer de sa fable
est celle qui découle naturellement de l'importunité habi-
tuelle à la mouche ; et cette morale est non seulement
beaucoup mieux fondée, mais elle est aussi d'une appli-
cation bien plus fréquente dans la vie. Que dire maintenant de la supériorité du fabuliste français, si nous
étudions les deux apologues au point de vue de la *composition*. La fable de La Fontaine débute par un tableau
qui est un véritable chef-d'œuvre. Il n'y a certainement
dans aucun poète une description qui nous dépeigne
avec plus d'art et de vérité le lieu où va se passer la petite
comédie.

> Dans un chemin *montant, sablonneux, malaisé*,
> Et de tous les côtés au soleil exposé,
>   Six forts chevaux tiraient un coche.

Il est à peine utile d'appeler l'attention du lecteur sur
l'art avec lequel sont coupés ces vers ; car il souffle presque autant à lui seul que les *six forts chevaux*, en voyant
toute la peine qu'ont les pauvres bêtes à gravir cette
côte sablonneuse.

Et pourtant, le poète ne s'est point contenté de produire ce premier effet ; il reprend encore, et deux fois de
suite la même *coupe haletante :*

> *Femmes, moines, vieillards*, tout était descendu ;
> L'attelage *suait, soufflait, était rendu.*

vers où la gradation est encore mieux observée que dans
le premier ; car *malaisé* présente l'idée d'une difficulté
moins grande que *défoncé*, par exemple, ou *coupé d'or-
nières...* Ici tout est en progression. Les femmes descendent les premières et laisseraient volontiers, par déférence, le moine dans la voiture ; le religieux se dévouerait
certainement pour les vieillards : mais le coche présentait
déjà à lui seul une masse si lourde que *tout le monde*,
jusqu'aux vieillards, avait dû descendre !

Et pourtant, malgré cet allègement,

  « L'attelage suait

premier indice de la fatigue ;

— Il soufflait,

indice d'une fatigue plus grande ;

— Il était rendu.

c'est-à-dire incapable d'aller plus loin ; mais voici venir le sauveur, le *deus ex machina*, et le vers, ainsi que le coche, va trotter comme par enchantement :

Une mouche survient, et des chevaux s'approche ;
Prétend les animer par son bourdonnement,
Pique l'un, pique l'autre, et pense à tout moment
    Qu'elle fait aller la machine,
S'assied sur le timon, *sur le nez* du cocher.

Voyez-vous l'irrévérencieuse ! Etourdie par l'exagéra-tion même de son zèle, elle se laisse entraîner jusqu'à l'oubli des convenances, comme ces gens maladroits qui nous froissent si souvent par l'indiscrétion de leur empressement. Cette critique est certainement très fine.

La peinture de sa petite vanité est agréablement ter-minée par une comparaison dont la disproportion même fait mieux ressortir encore le ridicule de la mouche.

Aussitôt que le char chemine
Et qu'elle voit les gens marcher,
Elle s'en attribue uniquement la gloire,
Va, vient, fait l'empressée : il semble que ce soit
Un sergent de bataille, allant à chaque endroit
Faire avancer ses gens et hâter la victoire !

La mouche ! un sergent de bataille ! Mais ce serait trop peu pour elle d'*agir*. Ne faut-il pas aussi qu'elle vante un peu son zèle, et surtout qu'elle se plaigne de tout le mal qu'elle se donne si gratuitement ? Il manquerait quelque chose à l'ennui que son importunité nous cause si elle n'y ajoutait encore des récriminations.

La mouche, en ce commun besoin,

c'est-à-dire dans cette situation d'où tout le monde avait besoin de sortir,

Se plaint qu'elle *agit* seule, et qu'elle a tout le *soin*,
Qu'aucun n'aide aux chevaux à se tirer d'affaire !

ainsi elle seule *agit, se donne du mouvement, active* la marche du coche. Les autres n'ont nul *soin*, nulle *préoccupation*, nul *souci :*

En effet :

Le moine disoit son bréviaire :
Il prenoit bien son temps !

quand un bon coup de main eût été si nécessaire.

Une femme chantoit !

sans se préoccuper de l'embarras général !

C'étoit bien de chansons qu'alors il s'agissoit.

Pour les rappeler au sentiment de la situation et les punir en même temps,

Dame Mouche s'en va chanter à leurs oreilles,

Et, enfin, pour continuer jusqu'au bout son rôle fâcheux,

Fait cent sottises pareilles.

Tant de zèle ne devait pas rester inutile.

Après bien du travail, le coche arrive *au haut*

de la côte, en faisant crier les essieux et souffler les chevaux avec un effort et un bruit qu'a si bien indiqués le poète par cette cacophonie préméditée « *au haut !* »

Quelle délivrance ! Et comme on a besoin de repos, après un pareil labeur !

Respirons maintenant ! dit la Mouche aussitôt.

N'est-ce pas elle d'ailleurs qui a eu tout le mal ?

J'ai tant fait que nos gens sont enfin dans la plaine.

Et, pour pousser l'indiscrétion jusqu'à sa limite

extrême, elle sollicite une récompense, et sur un ton
qui ne permet pas de réplique !

> *Çà*, messieurs les chevaux, payez-moi de ma peine !

Vient enfin la morale, qui n'est qu'une comparaison
toute naturelle :

> Ainsi certaines gens, faisant les empressés,
> S'introduisent dans les affaires;
> Ils font partout les nécessaires,
> Et, partout importuns, devroient être chassés.

Que l'on relise maintenant la fable de Phèdre, et la
nudité du récit latin fera mieux valoir que toutes les critiques, le tableau si vivant et si animé qu'a peint
La Fontaine.

VII. — La laitière et le pot au lait.

Perrette, sur sa tête ayant un pot au lait
　　Bien posé sur un coussinet,
Prétendoit arriver sans encombre à la ville.
Légère et court vêtue, elle alloit à grands pas,
Ayant mis ce jour-là, pour être plus agile,
　　Cotillon simple et souliers plats.
　　Notre laitière ainsi troussée
　　Comptoit déjà dans sa pensée
Tout le prix de son lait; en employoit l'argent;
Achetoit un cent d'œufs; faisoit triple couvée :
La chose alloit à bien par son soin diligent.
　　« Il m'est, disoit-elle, facile
D'élever des poulets autour de ma maison;
　　Le renard sera bien habile
S'il ne m'en laisse assez pour avoir un cochon.
Le porc à s'engraisser coûtera peu de son;
Il étoit, quand je l'eus, de grosseur raisonnable :
J'aurai, le revendant, de l'argent bel et bon.
Et qui m'empêchera de mettre en notre étable,
Vu le prix dont il est, une vache et son veau,
Que je verrai sauter au milieu du troupeau? »
Perrette là-dessus saute aussi, transportée ;
Le lait tombe; adieu veau, vache, cochon, couvée.
La dame de ces biens, quittant d'un œil marri
　　Sa fortune ainsi répandue,
　　Va s'excuser à son mari,
　　En grand danger d'être battue.
　　Le récit en farce en fut fait;
　　On l'appela le pot au lait.

　　Quel esprit ne bat la campagne?
　　Qui ne fait châteaux en Espagne?
Picrochole, Pyrrhus, la laitière, enfin tous,
　　Autant les sages que les fous.
Chacun songe en veillant; il n'est rien de plus doux :
Une flatteuse erreur emporte alors nos âmes;
　　Tout le bien du monde est à nous,
　　Tous les honneurs, toutes les femmes.
Quand je suis seul, je fais au plus brave un défi;
Je m'écarte, je vais détrôner le sophi;

> On m'élit roi, le peuple m'aime ;
> Les diadèmes vont sur ma tête pleuvant :
> Quelque accident fait-il que je rentre en moi-même ;
> Je suis gros Jean comme devant.

ANALYSE.

Voilà certainement, de toutes les faiblesses humaines,
la plus inoffensive et la plus excusable. Que de fois
même cette faiblesse devient une force puissante !
Lorsque notre âme, abattue par l'infortune ou par un
accident imprévu, semblait sur le point de s'abandonner
au désespoir, soudain par son énergie créatrice, l'imagination évoque devant nos yeux le spectacle d'un avenir
meilleur. Le courage se ranime, les forces se relèvent ;
tout à coup dans ce château que la folle du logis a bâti,
en un instant, sur les bords riants du Mançanarez ; et lors
même que le réveil arrive, et que le rêve se dissipe comme
une vaine fumée, la volonté persiste souvent dans les
bonnes résolutions que lui avait fait prendre la perspective
d'un bonheur facile à atteindre. Mais, quand même cette
illusion fugitive n'aurait pour effet que de nous faire oublier momentanément nos peines, ne faudrait-il pas encore
la bénir ? Aussi, voyez comme le moraliste a été peu sévère pour elle ! Qui choisit-il pour incarner en quelque
sorte cette innocente faiblesse ? Une gracieuse laitière,
bien alerte et bien vive, comme l'imagination qu'elle représente. Voyez-la, cette gentille

> Perrette — sur sa tête ayant un pot au lait
> Bien posé sur un coussinet.

Ce n'est pas sans dessein que nous avons coupé le
vers, après *Perrette*, par un long tiret ; car messieurs
les écoliers récitent presque toujours tout d'un trait :

> Perrette sur sa tête...

et mettent ainsi la laitière dans une position fort em-
barrassante.

Remarquez au contraire comme elle a multiplié les précautions pour atteindre son but. Le pot est bien d'aplomb sur ce *petit coussin* qui amortit tous les petits chocs ; comme elle *prétend*, c'est-à-dire, *aspire* à arriver à la ville sans qu'aucun *encombre*, aucun *embarras* arrête sa marche, elle a encore allégé sa *légèreté*, c'est-à-dire son *agilité* naturelle, en ne mettant que des cotillons courts et des souliers plats, qui sont tout autrement commodes pour la marche que ces hauts talons dont la mode est aujourd'hui si exagérée.

En un mot, Perrette trotte avec autant d'agilité que son imagination :

> Légère et court vêtue, elle allait à grands pas,
> Ayant mis ce jour-là, pour être plus agile,
> Cotillon simple et souliers plats.

Ses rêves ont dû commencer pendant qu'elle faisait sa toilette : elle les continue en marchant :

> Notre laitière ainsi troussée,

c'est-à-dire, les jupons relevés pour qu'ils n'embarrassent point sa marche,

> Comptoit déjà dans sa pensée
> Tout le prix de son lait

elle n'oubliait pas une obole !

> on employoit l'argent ;
> Achetoit un cent d'œufs ; faisoit triple couvée.

Voyez comme toutes ces petites combinaisons se succèdent rapidement dans son esprit ; la coupe du vers suit toutes les évolutions de sa pensée et de ses calculs.

Tout réussit au gré de notre désir, quand l'issue dépend uniquement de notre imagination. Et puis, Perrette veillait avec tant de sollicitude sur ses poules couveuses !

> La chose allait à bien *par son soin diligent.*

Naturellement. Et alors, continuant son petit rêve doré :

> Il m'est, disoit-elle, facile
> D'élever des poulets autour de ma maison ;
> Le renard sera bien habile
> S'il ne m'en laisse assez *pour avoir un cochon.*

Et, puissance merveilleuse de l'imagination ! tout cela lui semble tellement simple, tellement facile, que le *futur* se métamorphose tout d'un coup en *passé*, et qu'elle tient déjà son petit cochon !

> Le porc, à s'engraisser, coûtera peu de son ;
> Il était, *quand je l'eus*, de grosseur raisonnable.

Une divinité qui bouleverse si aisément la marche du temps, ne peut plus rencontrer d'obstacle. Aussi, tout va dès lors à souhait :

> J'aurai, le revendant, de l'argent *bel et bon,*

c'est-à-dire en quantité *plus que suffisante,* vu le prix *dont il* EST !

> Et qui m'empêchera de mettre en notre étable,
> Vu le prix *dont il est*, une vache et son veau
> Que je verrai sauter au milieu du troupeau?

Destin cruel ! c'est au moment où Perrette touchait à l'accomplissement de ses rêves, qu'ils s'évanouissent perfidement.

> Perrette, là-dessus, saute aussi, transportée.

c'est-à-dire, transportée par la joie dont son cœur est rempli à la vue de cette belle vache qui saute avec son veau dans la prairie.

Et soudain, patatras !

> Le lait tombe ;

ce lait qui contenait tant de choses... Et alors tout se perd avec lui :

> Adieu, veau, vache, cochon, couvée!
> La dame

c'est-à-dire la maîtresse

> de ces biens, quittant d'un œil *marri*
> Sa fortune ainsi *répandue*,

c'est-à-dire ce lait, sur lequel elle fondait l'espoir de sa richesse future ; mais comme l'expression de La Fontaine est plus précise et plus pittoresque que notre explication !

> Va s'excuser à son mari,
> En grand danger d'être battue.

Ce sont là, hélas ! les mœurs de la campagne. Mais gardons-nous d'intervenir dans ces querelles de ménage ! Écoutez plutôt ce que répond à un officieux défenseur la femme de Sganarelle :

> *Et s'il me plaît à moi* d'être battue !

Espérons cependant que les coups auront été épargnés à cette gracieuse Perrette, en considération de sa bonne volonté, et qu'elle en aura été quitte pour quelques quolibets, qui ont servi de thème à la fable de La Fontaine.

> Le récit en *farce* en fut fait,
> On l'appela le *Pot au lait*.

Ajoutons seulement deux mots de morale. La Fontaine ne s'y montre pas bien sévère pour des distractions qui devaient lui être très familières.

> Quel esprit ne bat la campagne?
> Qui ne fait *châteaux en Espagne?*

c'est-à-dire châteaux en pays étrangers et que nous n'habiterons point.

> Chacun songe en veillant; il n'est rien de plus doux.
> Une flatteuse erreur emporte alors nos âmes;
> Tout le bien du monde est à nous!...

II. — Le savetier et le financier.

Un savetier chantoit du matin jusqu'au soir :
    C'étoit merveilles de le voir,
Merveilles de l'ouïr ; il faisoit des passages,
    Plus content qu'aucun des sept sages.
Son voisin, au contraire, étant tout cousu d'or,
    Chantoit peu, dormoit moins encor :
    C'étoit un homme de finance.
Si sur le point du jour parfois il sommeilloit,
Le savetier alors en chantant l'éveilloit ;
    Et le financier se plaignoit
    Que les soins de la Providence
N'eussent pas au marché fait vendre le dormir,
    Comme le manger et le boire.
    En son hôtel il fait venir
Le chanteur, et lui dit : « Or çà, sire Grégoire,
Que gagnez-vous par an ? — Par an ! ma foi, monsieur,
    Dit avec un ton de rieur
Le gaillard savetier, ce n'est point ma manière
De compter de la sorte ; et je n'entasse guère
Un jour sur l'autre : il suffit qu'à la fin
    J'attrape le bout de l'année ;
    Chaque jour amène son pain. —
Eh bien ! que gagnez-vous, dites-moi, par journée ? —
Tantôt plus, tantôt moins : le mal est que toujours
(Et sans cela nos gains seroient assez honnêtes),
Le mal est que dans l'an s'entremêlent des jours
    Qu'il faut chômer ; on nous ruine en fêtes :
L'une fait tort à l'autre ; et monsieur le curé
De quelque nouveau saint charge toujours son prône. »
    Le financier, riant de sa naïveté,
Lui dit : « Je vous veux mettre aujourd'hui sur le trône.
Prenez ces cent écus ; gardez-les avec soin,
    Pour vous en servir au besoin. »
Le savetier crut voir tout l'argent que la terre
    Avoit depuis plus de cent ans
    Produit pour l'usage des gens.
Il retourne chez lui : dans sa cave il enserre
    L'argent, et sa joie à la fois.
    Plus de chant : il perdit la voix

Du moment qu'il gagna ce qui cause nos peines.
<blockquote>
Le sommeil quitta son logis :
Il eût pour hôtes les soucis,
Les soupçons, les alarmes vaines.
</blockquote>
Tout le jour il avoit l'œil au guet ; et la nuit,
<blockquote>
Si quelque chat faisoit du bruit,
</blockquote>
Le chat prenoit l'argent. A la fin le pauvre homme
S'en courut chez celui qu'il ne réveilloit plus :
« Rendez-moi, lui dit-il, mes chansons et mon somme,
<blockquote>
Et reprenez vos cent écus. »
</blockquote>

ANALYSE.

Presque tous les enfants ont lu cet apologue, à la fois si amusant et si profond, dont le principal personnage est un calife qui ne peut réussir *à être heureux !* Le pauvre souverain s'adresse aux plus habiles devins de son empire, et l'un d'eux, plus clairvoyant que tous les autres, lui dit que rien ne manquera à son bonheur dès qu'il aura revêtu la chemise d'un homme heureux !

Aussitôt le calife met tous ses gens en campagne ; on bat, on fouille le pays ; on cherche partout... on trouve enfin un homme heureux, sous la figure d'un pauvre diable qui vivait parfaitement content de sa destinée. Vite on le saisit, on le déshabille... Hélas ! cet homme heureux *n'avait pas de chemise !!!*

La Fontaine a donc eu raison de dire :

Ni l'or ni la grandeur ne nous rendent heureux.

Mais, non content d'exprimer cette vérité au début de *Philémon et Baucis*, il l'a encore démontrée dans une fable que l'on devrait graver profondément, non pas seulement dans la *mémoire*, mais surtout dans le *cœur* des enfants de nos campagnes. Il faudrait leur répéter sans cesse que, si l'honnête homme peut être heureux partout, même dans les villes, où le besoin prend les formes les plus variées, le bonheur n'est jamais plus facile qu'au village où, loin des séductions menteuses du luxe et des

vains plaisirs, l'homme modeste est réconforté *physiquement* et *moralement* tout à la fois, par l'influence salu-
taire de la nature ; sans compter que c'est là seulement
qu'il peut trouver la véritable indépendance, puisque
le laboureur ne dépend que de la terre. Et l'on sait bien
qu'elle paye toujours avec usure ceux qui lui consacrent
leurs soins.

Les deux personnages qui jouent un rôle dans la fable
de La Fontaine, sont choisis à dessein aux deux extrémités
de l'échelle sociale. Nous y voyons d'abord un *savetier*,
non pas un *cordonnier* (1), remarquez-le bien. Il y a tels
cordonniers qui font de nos jours très bonne figure dans
le monde, et nos ouvriers modernes ont élevé le travail
de la chaussure presque à la dignité d'un art. Mais, peut-
on s'imaginer un artiste savetier ?

Nous y voyons aussi un *financier* (2), c'est-à-dire, un
de ces personnages qui détenaient, du temps de La Fontaine, une grosse part du numéraire, et qui exercent de
nos jours une influence si grande sur la fortune publique.
Le second personnage est donc aussi haut placé que le
premier est humble ; il est aussi riche que le premier est
pauvre. Il doit donc être infiniment plus heureux ! C'est
ce que nous allons voir.

Le savetier est tellement exempt de soucis qu'il a sans
cesse un refrain à la bouche. Le premier vers de La Fontaine le peint d'un trait.

> Un savetier chantoit du matin jusqu'au soir.

(Notons, en passant, que l'on dirait en prose, un savetier chantait *du* matin *au* soir, ou *depuis* le matin jusqu'au soir.) Donc il était parfaitement content de sa position, car on ne chante pas quand on est tant soit peu
préoccupé.

---

(1) Disons en passant que *cordonnier* ne vient ni de corde, ni de cordon,
mais de *Cordoue*, ville d'Espagne où l'on préparait un excellent maroquin
(cordouanier).

(2) *Financier* vient du participe de *finer*, c'est-à-dire terminer un compte,
payer.

> C'étoit merveilles de le voir,
> Merveilles de l'ouïr ; il faisoit des passages,
> Plus content qu'aucun des sept sages.

Le portrait du savetier se continue ; vous le voyez d'ici, piquant sa savate et écartant les bras pour tirer son fil, tout en faisant une roulade.

Remarquez encore c'*étoit* au singulier, bien que *merveilles*, qui suit, soit au pluriel. C'est que ce mot *merveilles* (du pluriel latin *mirabilia*, choses merveilleuses) ne rappelle que l'idée du savetier, c'est-à-dire d'un seul homme ; certaines éditions donnent d'ailleurs *merveille* au singulier.

Ouïr est un mot aujourd'hui presque inusité (tiré du latin *audire*), et qui a cédé sa place à *entendre*, et à *écouter*, dont la forme savante, *ausculter*, rappelle l'origine (*auscultare*).

Passages, c'est-à-dire, des *variations* sur un morceau, sur un *thème*. Il modifiait un chant en y introduisant des roulades et des notes d'agrément. Il *passait* aussi vraisemblablement d'un ton à un autre. — *Sept sages :* Ces sept sages étaient contemporains. Ils vivaient au sixième siècle avant Jésus-Christ, et se réunissaient quelquefois pour se communiquer leurs lumières. Ils devaient aussi s'entretenir de leurs vues politiques, car c'étaient des hommes *très habiles*. (Remarquez d'ailleurs que le mot grec qui signifie *sage*, veut dire aussi *habile*. Le peuple les appellerait aujourd'hui des *malins*.) Ce sont : *Thalès, Pittacus, Bias, Cléobule, Myson, Chilon* et *Solon*.

Si *Socrate*, qui a été appelé le plus *sage* des hommes, ne figure point parmi eux, c'est parce que, venu plus tard et trouvant ce titre de *sage* trop ambitieux, il préféra être le premier des *philosophes*, c'est-à-dire, des *amis de la sagesse*.

> Son voisin au contraire, étant tout cousu d'or,
> Chantoit peu, dormoit moins encor :
> C'étoit un homme de finance.

Voilà le second personnage. Il est *tout cousu d'or*, c'est-à-dire *galonné d'or* sur toutes les coutures, comme

les grands seigneurs de la cour de Louis XIV. Mais il
n'en est pas plus heureux, et les continuels soucis que
lui donnent les questions d'argent, le tiennent éveillé
toute la nuit. Enfin, fatigué de se tourner et de se re-
tourner dans son lit somptueux,

> Si sur le point du jour parfois il sommeilloit,

son sommeil, remarquez-le bien, était encore très
léger : *il sommeilloit.*

Au contraire, bien reposé par un sommeil réparateur,
et levé de grand matin pour allonger la journée,

> Le savetier alors en chantant l'éveilloit.
>   Et le financier se plaignoit
>   Que les soins de la Providence
> N'eussent pas au marché fait vendre le *dormir*
>   Comme le *manger* et le *boire.*

En effet, lui qui était si riche, il aurait pu acheter autant de sommeil qu'il en aurait désiré. Remarquez ces
infinitifs le *dormir*, le *manger*, le *boire* employés comme
noms communs. Nous sommes mieux familiarisés avec
le *savoir*, le *devoir*, et quelques autres.

L'infinitif est en réalité une sorte de *nom verbal;* mais
il diffère essentiellement du *nom commun*, lorsqu'il ne
s'est pas encore confondu avec lui par un long usage, en
ce qu'il éveille dans notre esprit l'idée d'un *sujet* faisant
l'action qu'il exprime.

Fatigué des chansons du savetier, et ennuyé de voir
que son léger sommeil du matin était troublé par les
roulades du bonhomme, le financier pensa que, s'il donnait quelque argent à cet artisan, celui-ci ne serait plus
obligé de travailler tant, se lèverait plus tard et n'étour-
dirait plus ses voisins avant l'aube. Aussitôt conçu, le
projet est exécuté.

> En son *hôtel* il fait venir
> Le *chanteur,*

Remarquez ces termes : *hôtel*, qui désigne ces habitations

où règne le luxe. — *Il fait venir,* — c'est-à-dire il or-
donne de venir : les financiers ne se gênent pas avec le
pauvre monde; ils ne se dérangent pas; ils les font
venir... — *Le chanteur :* évidemment, c'est comme *chanteur,* et comme chanteur *importun* qu'il l'appelle. Jamais
financier eut-il besoin d'un *savetier?*...

> ... et lui dit : Or çà, sire Grégoire,

Vous voyez comme il le prend de haut. « *Or çà,* » sans
aucune formule de politesse. Qu'était-ce alors qu'un
simple ouvrier, et, à plus forte raison, un savetier.

Le financier est pressé de le voir partir, et il supprime
toute parole superflue. — *Sire* est respectueux, quand on
parle à un roi; il est *ironique,* et par conséquent *mépri-
sant,* sinon injurieux, quand on parle à un artisan de
bas étage.

> Que gagnez-vous par an?

Le financier ne se préoccupe que d'une chose : savoir
combien gagne ce pauvre diable, afin de lui donner,
comme indemnité des heures qu'il ne chantera plus, une
somme proportionnée à son gain annuel; et puis, un financier pense naturellement à l'argent.

> ... Par an! ma foi, monsieur,
> Dit avec un ton de rieur
> Le gaillard savetier, ce n'est point ma manière
> De compter de la sorte, et je n'entasse guère
> Un jour sur l'autre : il suffit qu'à la fin
> J'attrape le bout de l'année ;
> Chaque jour amène son pain.

Comme ce langage est naturel! Le savetier, qui a
toujours vécu au jour le jour, sans préoccupation, comp-
tant sur le travail de ses deux bras, et qui, par conséquent, n'a jamais songé à tenir registre de ses profits,
s'étonne qu'on lui demande ce qu'il gagne par an. « *Par
an! ma foi, monsieur,* » — tout savetier qu'il est, il n'est
pas trop intimidé par son voisin *tout cousu d'or.* Il s'imagine que le financier veut rire, et il prend un ton de rieur,

son ton habituel; d'ailleurs, c'est un gaillard, et il n'a pas peur; sa conscience est tranquille, puisqu'il chante continuellement. — Remarquez : je n'entasse guère *un jour* sur l'autre, c'est-à-dire *le prix* d'une journée de travail sur le prix d'une journée; mais comme la concision de La Fontaine est plus saisissante! Cette remarque est d'ailleurs très juste! Les ouvriers songent peu à faire des économies dans ce *bon pays de France,* où personne, dit-on, ne meurt de faim. Il faudrait pourtant penser aux mauvaises saisons, aux maladies, et ne pas trop compter sur la charité. — *J'attrape le bout* de l'année, c'est-à-dire, j'arrive au premier de l'an sans devoir rien. C'est ce qu'on appelle vulgairement : lier, joindre les deux bouts. Franklin était plus pratique. Il voulait qu'on économisât au moins *un sou* tous les jours, et nous pensons qu'il avait bien raison. Nous oserions même prêcher l'économie de *deux sous*, dont l'un à l'intention des amis qui auraient besoin de notre assistance.

> Eh bien! que gagnez-vous, dites-moi, par journée?

Le financier tient à en finir et il simplifie singulièrement le calcul. Mais le savetier n'en sait pas davantage; le prix d'une journée doit si souvent lui suffire pour vivre pendant deux ou trois jours!...

> Tantôt plus, tantôt moins; le mal est que toujours
> (Et sans cela nos gains seroient assez honnêtes),
> Le mal est que dans l'an s'entremêlent des jours
>   Qu'il faut *chômer*; on nous ruine en fêtes :
> L'une fait tort à l'autre; et monsieur le curé
> De quelque nouveau saint charge toujours son prône.

Ainsi voilà tout ce dont il se plaint : il ne peut pas travailler assez; il faut *chômer*, — c'est-à-dire passer à ne rien faire, à se reposer, comme s'il faisait une forte chaleur (*cauma*), trop de jours dans l'année. Tant d'autres s'en réjouiraient!!! — Notez aussi en passant ces gains assez *honnêtes*, c'est-à-dire assez considérables pour honorer notre travail. — Et cette antithèse : on nous

ruine en fêtes! En effet, le travail était alors rigoureusement interdit les jours fériés. — *L'une fait tort à l'autre,*
mais, pour se rattraper sur la quantité, monsieur le curé
charge son prône de quelque nouveau saint, c'est-à-dire
trouve toujours quelque nouveau saint dont il surcharge
la liste qu'il lit à son *prône* (*præconium,* publication que
l'on fait à la messe, avant le sermon).

> Le financier, riant de sa naïveté,
> Lui dit : Je vous veux mettre aujourd'hui sur le trône.
> Prenez ces cent écus ; gardez-les avec soin,
>   Pour vous en servir au besoin.

Le financier ne peut s'empêcher de rire en entendant ce langage naïf, naturel, où l'on trouve tout l'a-
bandon de la classe ouvrière. Il se dit sans doute aussi
en lui-même qu'il n'aura pas besoin de dépenser beaucoup d'argent pour payer les heures pendant lesquelles
le savetier restera au lit le matin. — *Sur le trône,* c'est-
à-dire, faire de vous un homme aussi riche que le roi! Et
il lui donne *cent écus,* c'est-à-dire *trois cents francs!* Hélas !
c'était alors une fortune pour un savetier. En effet :

> Le savetier crut voir tout l'argent que la terre
>   Avait depuis plus de cent ans
>   Produit pour l'usage des gens.

C'est-à-dire toutes les richesses que l'on tire du sein de
la terre sous forme de métaux. Comment fera-t-il pour
mettre ce *trésor* à l'abri des entreprises des voleurs? Où
trouvera-t-il un endroit assez secret pour le cacher?

> Il retourne chez lui :

sans remercier, tant il est bouleversé.

> ... dans sa cave il enserre
> L'argent, et sa joie à la fois.
> Plus de chant : il perdit la voix
> Du moment qu'il *gagna* ce qui cause nos peines.
> Le sommeil quitta son logis :
> · Il eut pour hôte les soucis,

> Les soupçons, les alarmes vaines.
> Tout le jour il avoit l'œil au guet; et la nuit,
>   Si quelque chat faisoit du bruit,
> Le chat prenoit l'argent.

Voyez, dans la comédie de Molière intitulée *l'Avare*, un tableau non moins vrai de toutes les angoisses qui torturent le cœur d'Harpagon, quand il croit qu'on soupçonne qu'il a caché de l'argent et qu'on veut le lui prendre. Tout lui est sujet d'alarmes. — Remarquez ce mot : *gagna*, qui ne semble pas être le terme propre. Le savetier ne *gagne* pas plus qu'auparavant; il perd même plus de temps, puisqu'il court sans cesse s'assurer que ses écus ne lui ont pas été volés. Il ne *gagne* pas, il *possède* et il *garde* ce qui cause nos peines, c'est-à-dire de l'argent. — Il eut pour *hôtes*, c'est-à-dire il logea et nourrit dans son cœur les soucis, les soupçons, au lieu de sa gaîté d'autrefois. Remarquez surtout le trait final, qui prouve combien sa raison même était ébranlée : « *le chat prenoit l'argent!* »

> A la fin, le pauvre homme
> S'en courut chez celui qu'il ne réveilloit plus :

Le pauvre homme; en devenant relativement riche, en cessant d'être un *homme pauvre*, il était devenu assez malheureux, assez *pauvre homme* pour attirer la compassion. — *S'en courut* est encore un *provincialisme* qu'il ne faut pas employer. — *Celui qu'il ne réveilloit plus* est une circonlocution ou périphrase très heureuse, puisqu'elle nous désigne le financier et nous montre en même temps que son calcul avait réussi.

> Rendez-moi, lui dit-il, mes chansons et mon somme,
>   Et reprenez vos cent écus.

Ce dénouement est beaucoup plus heureux que celui de Bonaventure des Périers, qui nous montre le savetier Blondeau allant jeter à la Seine le pot plein de monnaie dont la garde l'empêche de chanter, de dormir et de boire (1).

Les deux personnages de ce petit drame sont en scène jusqu'à la chute du rideau, qui tombe sur cette boutade naïve : « *Et reprenez vos cent écus.* »

La Fontaine n'a pas écrit la morale de cette fable; elle est tellement évidente que nous regretterions de l'avoir exposée au commencement de cette analyse, si nous n'avions trouvé l'occasion de rappeler un apologue oriental qui mérite d'être connu.

---

(1) Voir *Grammaire française,* Leclair et Rouzé, cours supérieur, p. 250.

APPENDICE

MORCEAUX CHOISIS DE DIVERS AUTEURS

Sur la mort d'un enfant.

L'innocente *victime*, au *terrestre* séjour,
N'a vu que le printemps qui lui donna le jour.
Rien n'est resté de lui qu'un nom, un vain *nuage*,
Un souvenir, un songe, une invisible image.
Adieu, *fragile* enfant échappé de nos bras;
Adieu, dans la maison d'où l'on ne revient pas.
Nous ne te verrons plus, quand, de moissons couverte,
La campagne d'été rend la ville déserte;
Dans l'enclos *paternel* nous ne te verrons plus,
De tes pieds, de tes mains, de tes flancs demi-nus,
Presser l'herbe et les fleurs dont les *nymphes de Seine*
Couronnent tous les ans les coteaux de Lucienne. .
L'axe de l'humble char à tes jeux destiné,
Par de fidèles mains avec toi promené,
Ne sillonnera plus les prés et le rivage;
Tes regards, ton murmure, obscur et doux langage,
N'inquiéteront plus nos soins officieux;
Nous ne recevrons plus avec des cris joyeux
Les efforts impuissants de ta bouche vermeille
A bégayer les sons offerts à ton oreille.
Adieu, dans la demeure où nous te suivrons tous,
Où ta mère déjà tourne ses yeux *jaloux*.

A. CHÉNIER.

EXPLICATIONS.

Beaucoup de poètes ont pleuré, dans une élégie, la mort d'un enfant. On connaît celle de Reboul, intitulée *L'ange et l'enfant*, qui est toute pénétrée d'une grâce naïve et touchante. C'est cette naïveté dont nous aurions désiré trouver plus souvent l'expression dans le morceau précédent. Même quand le poète parle des choses les plus familières, il reste dans ce ton élevé qui ne convient bien qu'à l'expression des grandes idées. On voudrait le voir descendre de ces hauteurs quand il dépeint, par exemple, ces petits jeux auxquels se livre l'enfant, ou encore les premiers bégayements de sa bouche naïve.

En résumé, le ton de ce morceau nous semble, à certains endroits que nous allons signaler, un peu apprêté et solennel.

Victimes : les premières victimes servaient de nourriture (*victus*) aux prêtres, et on brûlait les entrailles en l'honneur des dieux auxquels était offert le sacrifice. On a désigné, par extension, sous le nom de *victimes*, tous ceux qui succombent à un malheur imprévu ou que la mort enlève avant l'âge. Cette extension du sens se rattache à la figure que l'on nomme métaphore. — *Terrestre :* remarquez l'emploi fréquent de l'*adjectif* pour le nom : le *terrestre* séjour, pour le séjour de *la terre*. Cet emploi de l'adjectif est un artifice poétique ; mais il ne faut pas en abuser, car il devient *monotone*. — N'a vu que le *printemps ;* comparez Malherbe : « *Et rose elle a vécu ce que vivent les roses, l'espace d'un matin ;* » et A. Chénier : « *Je pars, et des ormeaux qui bordent le chemin j'ai passé les premiers à peine.* » « *Je ne suis qu'au printemps,* » etc. (1), et Gilbert (2): « *Au banquet de la vie infortuné convive, j'apparus un jour et je meurs.* »

Un vain *nuage :* cette expression est déterminée par les

(1) Voir Leclair et Rouzé, *Cours de style,* page 88.
(2) Même cours, page 9.

mots qui suivent ; mais elle semble avoir été amenée par
la rime du quatrième vers, *image*. — *Fragile*. Comparez
Racine : Sur quel *roseau fragile* a-t-il mis son appui ? —
Adieu dans la maison, c'est-à-dire *au revoir* dans la maison ; *nous nous retrouverons* dans la *maison*, c'est-à-dire
dans le ciel. L'emploi du mot *adieu* est rare en ce sens.
Le mot *maison* ne nous semble pas non plus très heureux.
— *La campagne d'été* présente un sens peu clair. Il est
évident que le poète veut dire : pendant l'été, la campagne attire dans les champs, couverts alors de moissons,
les habitants des villes et rend ces villes désertes ; mais
ces mots *campagne d'été* ont le tort de pouvoir se prendre
dans un sens tout différent. — L'enclos *paternel*, c'est-
à-dire, le jardin, clos de murs, *de ton père*. Cet emploi de
l'adjectif a été signalé plus haut.

De tes *flancs :* il est à peine vêtu et se roule sur
l'herbe émaillée de fleurs. — *Les nymphes de Seine*, et
mieux, les nymphes *de la* Seine sont vraisemblablement
la personnification des cours d'eau, qui descendent des
coteaux dans le lit du fleuve : car la Seine elle-même
ne peut guère couronner les *coteaux*. — *L'axe de
l'humble char*, c'est-à-dire l'essieu de la petite voiture que tu traînes en jouant dans le jardin : ce langage
est bien solennel. Racine ne prend pas un ton plus élevé
quand il raconte la mort d'Hippolyte. — *Sillonnera :* à
peine ce petit chariot laisse-t-il la moindre trace : l'expression est trop forte.

N'inquiéteront est pris dans le sens latin : (*inquies*,
qui n'est pas en repos), ne préoccuperont plus. — Buffon
a dit : quand on se sert de *termes généraux*, le style a de
la noblesse. Oui, mais il arrive aussi fort souvent,
comme ici, que la noblesse ne s'acquiert qu'aux dépens
de la clarté, ou tout au moins, de la *précision*. Ces
deux vers et les deux suivants veulent tout simplement dire : nous n'aurons plus le souci de chercher
à deviner ce que tu demandes par tes regards et par
ton langage, encore peu distinct et peu facile à com-
prendre ; les vains efforts que tu fais en essayant de par-

ler et de former les premiers mots ne nous feront plus rire. — *Vermeille* est une épithète impropre ici : la bouche hésite, voilà le fait ; qu'elle soit *vermeille* ou non, peu importe : du reste toutes les bouches d'enfant ont cette fraîcheur. Mais il fallait une rime pour *oreille*. — *Offert* est aussi un terme peu précis ; traduisez : les sons que l'on t'a fait entendre pour que tu essayes de les répéter.

Adieu dans la demeure : Voyez ce que nous avons dit au sixième vers, et remarquez que le terme *demeure* est bien plus poétique que *maison*. Chénier l'aurait certainement employé plus haut s'il avait pu le faire entrer dans son vers. — *Où*, c'est-à-dire *vers laquelle*. — *Jaloux :* c'est-à-dire ses yeux qui sont *désireux* de t'y revoir. On dit de même : je suis jaloux de vous être agréable. Ce mot a la même étymologie que *zélé* (*zelosus*).

Il y a, comme on le voit, quelques imperfections dans ce morceau; mais comme l'oreille est doucement caressée par la cadence de cette poésie mélodieuse !   · · ·

Etat du monde avant et après la faute d'Adam.

Tous les peuples de l'antiquité avaient conservé le souvenir de cet état d'innocence et de bonheur parfait où l'homme, suivant les livres sacrés, avait été placé par son créateur, et dont il était déchu par sa désobéissance. Les poètes latins appelaient ces temps bienheureux l'*âge d'or*, si vite suivi, hélas! de l'âge d'*airain* et de l'âge de *fer*, qui virent se multiplier les châtiments avec les crimes. Heureusement, l'homme avait, dans le *travail*, une ressource suprême. C'est par le *travail* qu'il se relève de toutes les chutes, qu'il répare les effets de toutes ses défaillances, et qu'il reconquiert sa dignité, quand, par malheur, il l'a perdue. Enfin le *travail* est la seule source de la véritable richesse, et l'on ne saurait trop répéter aux enfants ce que leur a si bien dit la Fontaine :

> Travaillez, prenez de la peine,
> C'est le fond qui manque le moins.

Mais le *travail* n'est pas seulement la garantie du bonheur matériel de l'homme, c'est lui aussi qui, dans une sphère plus élevée, devient la source de toutes les jouissances délicates, en produisant ces chefs-d'œuvre de l'art qui sont, en quelque sorte, le luxe de la vie. C'est lui qui, faisant servir le marbre ou la couleur à l'expression de nos plus hautes idées, a produit ces monuments, ces statues et ces tableaux dont s'enorgueillissaient jadis Memphis, Thèbes, Ninive et Babylone.

Athènes et Rome continuèrent la production de ces chefs-d'œuvre, dont la perfection, de plus en plus achevée, a pu faire penser à certains philosophes que l'homme, protestant contre sa déchéance originelle, marche, par une progression toujours croissante, vers la réalisation de cet idéal que notre âme devine, suivant l'expression de Cicéron, mais dont nos sens cherchent vainement l'image sur cette terre.

Ne nous désolons donc pas outre mesure en lisant le

tableau suivant qu'a tracé un poète, et songeons que nous avons tous à notre disposition l'instrument qui peut suffire à nos plus pressants besoins.

> Hélas! avant ce jour qui perdit ses *neveux,*
> *Tous les plaisirs couraient* au-devant de ses vœux :
> *La faim* aux animaux ne faisait point la guerre ;
> Le blé, pour se donner, sans peine ouvrant la terre,
> N'attendait pas qu'un bœuf, pressé de l'aiguillon,
> *Traçât à pas tardifs* un pénible sillon.
> La vigne *offrait* partout des grappes toujours pleines,
> Et des ruisseaux de lait *serpentaient* dans les plaines.
> Mais *dès ce jour,* Adam, déchu de son état,
> D'un *tribut* de douleur paya son *attentat.*
> Il fallut qu'au travail son corps rendu *docile,*
> Forçât la terre-*avare* à devenir fertile.
> Le chardon *importun* hérissa les guérets ;
> Le serpent *venimeux* rampa dans les forêts ;
> La *canicule* en feu désola les campagnes ;
> L'aquilon en fureur gronda sur les montagnes.
> Alors, pour se couvrir, durant l'âpre saison,
> Il fallut aux brebis *dérober* leur toison.
> La peste en même temps, la guerre et la famine,
> Des malheureux humains *jurèrent* la ruine.
>
> BOILEAU.

EXPLICATIONS.

Neveux est pris dans son sens latin — *descendants.* La Fontaine avait dit de même : mes *arrière-neveux* me devront cet ombrage. — *Tous les plaisirs couraient:* remarquez qu'un plaisir n'est véritablement *un plaisir* que s'il a été acheté par quelque travail, par quelque peine. Lorsque tous les plaisirs *courent* au-devant de nos vœux, il en résulte bien vite pour nous cet état d'écœurement qui nous rend tout plaisir ennuyeux.

La faim est personnifiée ; elle part en guerre. Ne maudissons pas non plus la faim, et songeons à ce financier qui, manquant d'appétit, enviait le sort de quelques malheureux qui lui demandaient l'aumône. « Les misérables ! s'écriait-il, *sont-ils heureux d'avoir faim!* »

Or, dans notre bon pays de France, on meurt bien rarement de faim quand on veut travailler. — *Le blé* pour se *donner*... Remarquez la grâce de cette expression : *pour se donner :* lui aussi, il va au-devant de nos vœux ! — *Sans peine,* pour *nous,* bien entendu. On moissonnait alors sans avoir la peine de cultiver ! Le pain devait être fade. « Ah ! disait un Spartiate au tyran Denys qui trouvait le brouet national peu appétissant, vous en jugeriez tout autrement si vous aviez fait avec nous l'exercice ! » Remarquez cette suite d'*a* qui marque si bien la marche pesante et monotone du bœuf : *tra-çât-à-pas-tar*...

La vigne aussi nous faisait des avances, et ses grappes étaient toujours pleines ; *et des ruisseaux de lait* serpentaient dans les plaines : on avait donc le choix. Fénelon nous a fait aussi la description d'une île idéale où « *les gaufres tombaient dans la bouche des voyageurs, si peu qu'elle fût ouverte,* » et il appelle cette île « *l'île des plaisirs.* » Il est vrai qu'on y trouvait des *marchands d'appétit,* classe d'industriels bien nécessaire au milieu de toutes ces productions écœurantes. L'histoire raconte que les Israélites ont regretté, dans le désert, les oignons de l'Egypte ; mais, ces oignons, comme ils les gagnaient bien en élevant les pyramides des Rhamsès et les obélisques !

Dès ce jour : c'est-à-dire, à partir du jour de la désobéissance. — *Tribut de douleur :* non ; le travail n'est pas une douleur ! c'est au contraire la source de tous les vrais plaisirs, de toutes les plus délicates jouissances. C'est même la condition absolue de la dignité de l'homme. On ne saurait trop s'insurger contre tous ceux qui ont représenté le travail comme une peine ; car rien n'ouvre si bien la porte à tous les vices que le désœuvrement et l'oisiveté.

Attentat, c'est-à-dire sa désobéissance. Le mot est un peu solennel : Adam et Ève ont été crédules ; ils se sont laissé tromper par le serpent. Il n'y a pas eu révolte déclarée : voyez comme ils tremblent et se cachent après la faute !

Rendu docile : assoupli. — *Devenue avare :* elle ne donna plus rien sans peine. — *Importun :* il s'accroche à tout et étouffe les bonnes herbes; il est donc *importun* et *inopportun :* mais les petits oiseaux se nourrissent de ses graines, tapissent leurs nids de son duvet et les ânes en font, dit-on, leurs délices. — *Guéret,* vient du latin *vervactum,* terre en friche, non ensemencée. Il ne faut donc pas trop s'étonner d'y trouver des chardons. — *Venimeux,* aujourd'hui, se dit des animaux; *vénéneux,* des plantes. Buffon a pourtant employé *vénéneux* en parlant des animaux. — *Canicule :* période pendant laquelle le soleil est devant la constellation du *chien (canis) :* c'est l'époque des plus brûlantes chaleurs. — *Dérober* signifie généralement *enlever furtivement;* mais son sens étymologique est plus large. *Dérober* vient du germanique *rauben,* voler, piller; *rauba* désigne par suite le *butin* dérobé, et, par extension, un vêtement, une *robe.* — *Jurèrent :* la perte, la guerre et la famine sont personnifiées : ce qui permet au poète de dire : *Jurèrent la ruine.*

En résumé, l'homme n'a pas trop à se plaindre de la sévérité de son châtiment, puisqu'il lui est si facile, avec un peu de bonne volonté et de courage, de remédier à tous ses maux.

L'ange et l'enfant.

Un ange au radieux visage,
Penché sur le bord d'un berceau,
Semblait contempler son image
Comme dans l'onde d'un ruisseau.
Charmant enfant qui me ressemble,
Disait-il, oh ! viens avec moi ;
Viens, nous serons heureux ensemble ;
La terre est indigne de toi.
« Là, jamais entière allégresse :
L'âme y souffre de ses plaisirs ;
Les cris de joie ont leur tristesse,
Et les voluptés leurs soupirs.
La crainte est de toutes les fêtes,
Jamais un jour calme et serein
Du choc ténébreux des tempêtes
N'a garanti le lendemain.
Et quoi ! les chagrins, les alarmes
Viendraient troubler ce front si pur !
Et par l'amertume des larmes
Se terniraient ces yeux d'azur !
Non, non, dans les champs de l'espace
Avec moi tu vas t'envoler ;
La Providence te fait grâce
Des jours que tu devais couler.
Que personne dans ta demeure
N'obscurcisse ses vêtements ;
Qu'on accueille ta dernière heure
Ainsi que tes premiers moments.
Que les fronts y soient sans nuage,
Que rien n'y révèle un tombeau ;
Quand on est pur comme à ton âge
Le dernier jour est le plus beau.
Et secouant ses blanches ailes,
L'ange, à ces mots, a pris l'essor
Vers les demeures éternelles...
Pauvre mère, ton fils est mort !

ANALYSE.

> Un ange au radieux visage,
> Penché sur le bord d'un berceau,
> Semblait contempler son image
> Comme dans l'onde d'un ruisseau.

Le poète débute bien; il nous met sous les yeux, dans le cadre qui leur convient, ses deux personnages. L'ange a la tête entourée du nimbe qui caractérise les élus; l'enfant est couché dans son berceau, et le Séraphin radieux le contemple avec cet amour que l'innocence inspire à l'innocence; il croit voir un autre lui-même.

> Charmant enfant qui me *ressemble*.

Ici, ce n'est pas l'*ange*, c'est le *poète* certainement qui parle. Malgré toute la candeur naïve que nous devons accorder aux bons anges, aucun d'eux ne s'adresserait indirectement cet éloge : *charmant enfant!* Et cette faute de goût est doublée d'une faute grammaticale; la correction exigerait : *qui me ressembles* (c'est-à-dire *toi qui...*). Si nous ne craignions de paraître trop sévère, nous dirions que c'est le besoin de rimer avec *ensemble* qui a fait commettre cette double faute; car, en littérature comme en morale, les fautes s'enchaînent fatalement, et toute pensée fausse amène une expression de même nature.

> Charmant enfant qui me *ressemble*,
> Disait-il, oh! viens avec moi;
> Viens; nous serons heureux ensemble;
> La terre est indigne de toi.

Il était impossible de prêter à la céleste créature un langage à la fois plus tendre et plus élevé. Ces derniers vers ont dû sortir sans le moindre effort du cœur de Reboul.

> « Là, jamais entière allégresse :

Nous oserions critiquer *là*, et lui substituer *ici*, puisque l'ange est sur la terre; et nous aimerions mieux *complète* qu'*entière*, puisque l'usage veut que l'on dise un bonheur *complet*, c'est-à-dire, où nos désirs sont *tout à fait remplis*, plutôt qu'un bonheur *entier* (1), c'est-à-dire *intact*, auquel on n'a pas touché. Le poète a voulu dire évidemment : « Ici-bas, il n'y a point de bonheur *parfait*; » mais la rime et la mesure l'ont forcé à employer des termes impropres : car l'*allégresse*, joie vive et momentanée, n'est pas le but que poursuit une vie honorable.

> L'âme y souffre de ses plaisirs;

vérité douloureuse! le plaisir ne remplit jamais complètement l'âme; et quel vide douloureux on sent quand il est passé!

> Les cris de joie ont leur tristesse,
> Et les voluptés leurs soupirs.

Entendez-vous, jeunes gens qui nous lisez; ce n'est pas un prédicateur qui parle ici; c'est un homme comme vous, à la poésie près, et un homme qui ne tenait pas un rang élevé dans le monde : il était boulanger! Retenez ce cri du cœur; car Reboul était plein de cœur, et n'oubliez jamais cette leçon qu'il donne à votre inexpérience :

> Les cris de joie ont leur tristesse
> Et les voluptés leurs soupirs.

Et l'ange continue l'énumération des tristesses de ce monde.

> La crainte est de toutes les fêtes,

Est-il nécessaire d'insister sur cette pensée? Parmi tous ceux qui rient aujourd'hui, combien auront disparu demain !

> Jamais un jour calme et serein
> Du choc ténébreux des tempêtes
> N'a garanti le lendemain.

Encore une vérité douloureuse! « Les jours *se suivent*, dit le vulgaire dans son langage familier, mais *ils ne se ressemblent pas;* et, sur terre comme sur mer, à un jour

---

(1) Latin *integer*, qui n'a pas été entamé.

très heureux succède souvent un désastreux lendemain.
Le malheur rampe vers nous *dans les ténèbres*, et c'est à
notre réveil que nous sentons tout à coup son atteinte
douloureuse. Tel est le sens de ces mots : *choc ténébreux*
dont l'alliance est un peu risquée.

Ce tableau si vrai des misères terrestres remplit le
cœur de l'ange d'une vive compassion pour la frêle
créature qu'il contemple. Il s'abandonne à cette douce
sympathie, et, dans cet élan de tendresse, il s'écrie :

> Et quoi! les chagrins, les alarmes
> Viendraient *troubler* ce front si pur !
> Et *par* l'amertume des larmes
> Se *terniraient* ces yeux d'azur!

Notons, en passant, cette expression : *troubler ce front,*
qui ne se dit guère. Le *front* se plisse, se ride, il ne se
trouble pas; mais le *visage* se trouble. On peut aussi critiquer « *se ternir par l'amertume.* » *Amertume* est un mot
abstrait; il éveille l'idée d'une *sensation*, et une sensation
ne *ternit* pas : elle peut être pénible et attrister. Et cependant on sait *que la vue s'affaiblit à force de pleurer*.
Au fond, l'idée est juste, seulement l'expression ne la
traduit pas exactement.

> Non, non, dans les champs de l'espace
> Avec moi tu vas t'envoler;
> La Providence te fait grâce
> Des jours que tu devais *couler*.

Voilà, par exemple, une faute que nous sommes bien
forcé de signaler. On dit « *couler des jours heureux* » et
pour cause. Notre barque descend tout naturellement le
fil de l'eau : il est même inutile de ramer! Mais ce terme
peut-il s'appliquer à ces jours pleins de tempêtes dont
l'ange vient de tracer le sombre tableau?

> Que personne dans ta demeure
> *N'obscurcisse* ses vêtements;

Le second vers se comprend très bien. Il s'agit ici des
vêtements de deuil; mais l'expression est certainement
impropre. On n'a jamais dit : « *obscurcir un vêtement*, «

Qu'on accueille ta dernière heure
Ainsi que tes premiers moments.

C'est-à-dire, que ta famille te voie quitter la terre avec la
même joie qu'elle éprouvait quand tu as reçu le jour.
Aucune mère ne se rendra à cette injonction, vînt-elle
d'un ange en personne.

Que les fronts y soient sans nuage,

c'est-à-dire, qu'aucun regret ne vienne *obscurcir* (et non
troubler) les fronts de tes parents, comme les nuages
obscurcissent le ciel (mais ne le *troublent pas*).

Que rien n'y révèle un tombeau.

L'idée est juste : qu'aucune marque de douleur ne
fasse connaître qu'un enfant est là couché dans son cer-
cueil; mais l'expression n'est pas exacte. Les *tombeaux*
ne s'élèvent plus dans nos maisons.

Quand on est pur comme à ton âge

Ce vers est prosaïque; mais le suivant le rachète et le
relève :

Le dernier jour est le plus beau.

Et la créature divine joint aussitôt l'acte à la parole :

Et *secouant* ses blanches ailes,
L'ange, à ces mots, *a pris* l'essor
Vers les demeures éternelles...

Si nous osions nous permettre de modifier un texte
consacré, nous dirions :

Et, *déployant* ses blanches ailes
L'ange, à ces mots, *prit son* essor...

Car, *secouant* présente une idée peu élevée, et on dit
d'ordinaire *prendre son essor...*
Nous critiquerons enfin ce dernier vers :

Pauvre mère! ton fils est mort!

mais à un autre point de vue.
Si cette poésie se propose de consoler quelqu'une de
celles qui ont perdu un fils chéri, il ne faut pas lui dire

Pauvre mère! On peut le penser, mais il ne faut le lui dire que tout bas, dans le fond du cœur.

Et maintenant, nous qui avons subi plus d'une fois la douloureuse séparation que vient de peindre si poétiquement Reboul, nous allons soumettre au jugement de nos lecteurs, comme un exercice d'analyse, le petit poème que nous a arraché la perte d'un enfant bien aimé. Puissent ces vers, à la suite de la poésie de Reboul, fortifier dans l'âme de quelque pauvre mère, les sentiments de résignation qui sont l'unique remède de ces immenses douleurs!

Heureux enfant!

Il manquait une voix dans le concert des anges.
Aussitôt Azaël, le pourvoyeur divin,
S'élançant du milieu des célestes phalanges,
    Vole chercher le nouveau Séraphin.

Comme un oiseau de proie il planait dans la nue,
Cherchant des yeux l'enfant qu'il devait nous ravir :
Il hésitait, quand George apparut à sa vue,
    Et l'ange dit : « Je ne puis mieux choisir. »

Puis il toucha l'enfant de ses funèbres ailes,
Et George au même instant au ciel s'est envolé,
Suivi du long écho des plaintes maternelles,
    Et des sanglots d'un père désolé...

Heureux enfant! pareil aux fleurs à peine écloses
Qu'on arrache au jardin pour en parer l'autel,
Toi qui n'avais pas vu trois fois fleurir les roses,
    Tu vas orner la cour de l'Eternel!

Et tandis que notre œil ne peut percer les voiles
Qui cachent aux humains l'Etre trois fois béni,
Ta main touche la main qui sema les étoiles,
    Et ton regard mesure l'Infini!

Auprès de ces splendeurs, qu'était-ce que la terre,
Ses petites grandeurs et ses âcres plaisirs...
Heureux qui n'a connu, comme toi, que sa mère,
    Et n'emporta que de doux souvenirs!

                        C. R.

Le souhait de la violette.

EXPLICATION POUR LES ENFANTS.

Le petit Paul rentra un jour chez ses parents avec une telle impétuosité, que sa mère craignit qu'il ne lui fût arrivé quelque accident. Bien loin de là, le petit Paul avait été *premier en lecture*, et il en était si fier qu'il n'avait fait qu'un saut de l'école à la maison paternelle. Son père et sa mère le comblèrent de compliments et de caresses ; et — ce qui lui fit aussi beaucoup de plaisir, — son dessert fut augmenté de plusieurs gâteaux.

Hélas ! ce bonheur devait être de courte durée. Pendant la récréation, le petit Paul, qui jouait dans le jardin avec plusieurs de ses camarades, prit un petit air de supériorité qui les humilia. Sa mère s'en aperçut et voulut lui donner une leçon de modestie, sans lui causer trop de peine. « Mon cher enfant, lui dit-elle, puisque tu es un
» lecteur si intelligent et si habile, aie donc l'obli-
» geance de nous donner une preuve de ton talent, et
» dis nous à haute voix, devant tes petits amis, la fable
» suivante : »

> Quand *Flore*, la reine des fleurs,
> Eut fait naître la violette,
> Avec de *charmantes* couleurs,
> Les plus *tendres* de sa palette,
> Avec le *corps* d'un papillon,
> Et ce délicieux *arôme*
> Qui la *trahit* dans le *sillon* :
> « Enfant de mon *chaste* royaume,
> Quel don puis-je encore attacher,
> Dit Flore, à ta grâce *céleste* ?
> — Donnez-moi, dit la fleur modeste,
> Un peu d'herbe pour me cacher. »

Paul comprit la leçon indirecte qui lui était donnée ; il rougit, se jeta dans les bras de sa mère en versant de grosses larmes de repentir, car il avait un bon cœur ; et il prit la ferme résolution de ne plus se vanter dorénavant de ses succès.

EXPLICATIONS

La fable précédente est tirée d'un charmant petit re-
cueil, intitulé la *Comédie enfantine*, et dont l'auteur est
M. L. Ratisbonne. Le premier personnage est la déesse
Flore. On sait que les anciens attribuaient à l'influence de
quelque dieu caché tous les phénomènes dont ils ne trouvaient pas l'explication naturelle. Ainsi, comme ils ne
comprenaient pas pour quelle cause la mer monte et se
retire alternativement, ils avaient imaginé un dieu nommé
Neptune, dont la puissance soulevait les flots. De même
Jupiter était le dieu qui lançait la foudre. La crainte se-
crète dont nous sommes pénétrés dans la solitude des
bois, était pour les païens l'effet de la présence des divinités qui se cachaient dans les arbres.

Flore était pour eux la divinité qui fait croître les
fleurs.

Charmantes : ce terme est impropre. Virgile, qui connaissait admirablement la nature, disait : les *pâles violettes*. On sait du reste que ces fleurs sont un emblème
de deuil ; elles ne sont donc point *charmantes*.

Tendres : voilà encore une épithète qui ne convient guère
à la violette. Il y en a, comme on sait, de trois couleurs :
la bleue, la rouge et la blanche, et ces couleurs ne sont
pas précisément *tendres*. Tout au plus pourrait-on appliquer ce qualificatif aux violettes de *Parme*. — La palette
est une espèce de plateau sur lequel les peintres étalent
et préparent leurs couleurs.

Corps d'un papillon : expression pittoresque ; en effet,
la violette épanouie a l'air d'un papillon qui s'envole.
— *Arôme* signifie parfum. — *Trahit*, c'est-à-dire, fait
connaître sa présence, bien qu'elle se cache modestement.
— *Sillon* est encore un terme impropre, que l'auteur a
employé pour rimer avec *papillon*. Les violettes ne
poussent pas dans les sillons : on les trouve dans le gazon, sous les haies, dans les bois : nos petits lecteurs
le savent fort bien.

Chaste : ce mot veut dire sans doute que le royaume de Flore, c'est-à-dire les jardins et tous les lieux où poussent les fleurs, sont le séjour de l'*innocence.* Mais on ne voit pas bien pourquoi l'écrivain a choisi cette épithète, à moins qu'il n'ait voulu établir un rapport entre la *chasteté* et la *modestie.*

Céleste : ce mot est amené par la rime « modeste. » La violette n'a pas une *grâce céleste ;* ce qui fait sa réputation, ce n'est pas sa *grâce,* mais son *parfum,* qu'on s'étonne de trouver dans une fleur aussi humble. Si elle n'avait pas cette odeur si fraîche et si agréable, ce n'est pas sa grâce qui la ferait remarquer.

Me cacher : ces deux derniers vers sont tellement *naturels,* ils expriment un sentiment si vrai, ou du moins si vraisemblable, qu'ils répandent sur la fable tout entière une *grâce charmante,* et font oublier tout à fait les taches légères que notre rôle ingrat de critique nous a contraint de signaler.

Le rossignol.

La fable qui suit, d'un tour si fin et si délicat, a été attribuée à La Fontaine.

Elle n'est pas absolument indigne de ce poète. Il faudrait voir, dans cet apologue, l'expression des doléances du fabuliste au sujet de l'oubli que Colbert faisait de lui dans la répartition des pensions que Louis XIV accordait aux hommes de lettres. On sait que la plus large part n'était pas dévolue aux plus éminents : témoin le grand Corneille, qui en était réduit, dit-on, à raccommoder lui-même sa chaussure.

<blockquote>
Un bruit s'épandit en tous lieux
Qu'aux oiseaux qui chantent le mieux,
On donnerait du grain pour toute leur année.
« J'en aurai, dit le rossignol,
Si la chose est bien ordonnée. »
Tout aussitôt il prend son vol,
Pour s'en aller à la donnée.
Là vinrent des oiseaux de toutes les façons,
Force tarins, force pinsons,
Force merles, force alouettes,
Des linottes très peu, moins encor de fauvettes,
Quoiqu'on estime assez leurs petites chansons.
Tout content de son aventure,
Le rossignol aurait gagé
Qu'il serait le mieux partagé;
Mais il eût perdu la gageure.
Honteux, déchu de tous ses droits,
Il se retira dans les bois,
Ses plus agréables refuges;
Et depuis, il a dit cent fois :
« O nature! ôte-moi la voix,
Ou donne-moi de meilleurs juges. »
</blockquote>

EXPLICATIONS.

Épandit, épandre (lat. *expandere*) indique, dans celui qui fait cette action, une intention, un but déterminé que *répandre* n'exprime pas toujours. Ce terme est ici impropre, et a été amené par la *mesure*. Il faudrait : se *répandit :*

> Le bruit se répandit certain jour en tous lieux.

Ordonnée est pris dans le sens étymologique : *faire avec ordre,* avec mesure, et par conséquent, avec justice et sagesse. — *Donnée,* dans le sens de *distribution* d'aumônes aux pauvres, s'emploie rarement aujourd'hui. — *Façons;* c'est-à-dire de toutes les espèces : ce terme est un peu familier, et convient mieux à la conversation qu'à la poésie. — *Force* est ici synonyme de quantité, — quantité de tarins..., etc.

Des linottes très peu. La correction exigerait : de linottes : (très peu de linottes, moins *encor* de fauvettes). L'emploi de l'article donne à ce tour une allure familière, qui conviendrait à la conversation (pour *des* linottes, il en vint peu). *Encor,* pour *encore,* est amené par la mesure du vers.

Petites chansons, en parlant des fauvettes, dont quelques-unes, les fauvettes à tête noire, par exemple, ont un chant si doux et si sympathique, est une expression un peu *dédaigneuse.*

Son aventure. Le rossignol était content de voir qu'il n'était venu à la donnée que des oiseaux dont le chant ne pouvait supporter aucune comparaison avec le sien : il était sûr de remporter la victoire et d'être largement traité. — *Gagé* a le grave inconvénient d'être suivi de *gageure* (prononcez *gajure*). Cette répétition n'est pas heureuse.

Honteux « comme un renard qu'une poule aurait pris. » Il pouvait être *confus* à la rigueur, s'il avait *gagé.* Mais il n'était nullement *déchu* de *tous ses droits,* puisqu'il avait toujours sa belle voix. Il devait plutôt avoir *du dépit,* en voyant qu'il était si mal jugé. De là, en effet, son cri : « O nature ! » — *Refuges* a bien l'air d'avoir été mis là uniquement pour *rimer avec juges.* Il ne se retirait

point dans les bois parce qu'ils lui sont plus *agréables*
que d'autres lieux, mais parce qu'il lui était plus facile d'y cacher son dépit. Ce vers n'est pas heureux. Les
deux derniers, au contraire, sont pleins de cette malicieuse finesse qui a dicté à La Fontaine la morale des
Animaux malades de la peste.

Malgré ce trait final, et bien que la conception même
de cette fable soit très ingénieuse, nous ne pensons pas
que cet apologue puisse être attribué à l'éminent fabuliste; car nous n'y retrouvons point la langue si précise
et si pittoresque de La Fontaine.

La Prude et la Coquette.

ARSINOÉ.

Madame, l'amitié doit surtout éclater
Aux choses qui le plus nous peuvent importer ;
Et, comme il n'en est point de plus grande importance
Que celles de l'honneur et de la bienséance,
Je viens, par un avis qui touche votre honneur,
Témoigner l'amitié que pour vous a mon cœur.
Hier, j'étais chez des gens de vertu singulière
Où sur vous du discours on tourna la matière.
Et là, votre conduite avec ses grands éclats,
Madame, eut le malheur qu'on ne la loua pas !
Cette foule de gens dont vous souffrez visite,
Votre galanterie et les bruits qu'elle excite,
Trouvèrent des censeurs plus qu'il n'aurait fallu,
Et bien plus rigoureux que je n'eusse voulu.
Vous pouvez bien penser quel parti je sus prendre :
Je fis ce que je pus pour vous pouvoir défendre.
Je vous excusai fort sur votre intention :
Et voulus de votre âme être la caution.
Mais vous savez qu'il est des choses dans la vie
Qu'on ne peut excuser, quoiqu'on en ait envie ;
Et je me vis contrainte à demeurer d'accord
Que l'air dont vous vivez vous faisait un peu tort ;
Qu'il prenait dans le monde une méchante face ;
Qu'il n'est conte fâcheux que partout on n'en fasse :
Et que si vous vouliez, tous vos déportements
Pourraient moins donner prise aux mauvais jugements.
Non que j'y croie au fond l'honnêteté blessée ;
Me préserve le ciel d'en avoir la pensée !
Mais aux ombres du crime on prête aisément foi,
Et ce n'est pas assez de bien vivre pour soi.
Madame, je vous crois l'âme trop raisonnable
Pour ne pas prendre en bien cet avis profitable,
Et pour l'attribuer qu'aux mouvements secrets
D'un zèle qui m'attache à tous vos intérêts.

CÉLIMÈNE.

Madame, j'ai beaucoup de grâces à vous rendre.

Un tel avis m'oblige; et, loin de le mal prendre,
J'en prétends reconnaître à l'instant la faveur
Par un avis aussi qui touche votre honneur;
Et comme je vous vois vous montrer mon amie,
En m'apprenant les bruits que de moi l'on publie,
Je veux suivre à mon tour un exemple si doux,
En vous avertissant de ce qu'on dit de vous.
En un lieu, l'autre jour, où je faisais visite,
Je trouvai quelques gens d'un très rare mérite,
Qui, parlant des vrais soins d'une âme qui vit bien,
Firent tomber sur vous, Madame, l'entretien.
Là, votre pruderie et vos éclats de zèle
Ne furent pas cités comme un fort bon modèle;
Cette affectation d'un grave extérieur,
Vos discours éternels de sagesse et d'honneur,
Vos mines et vos cris aux ombres d'indécence
Que d'un mot ambigu peut avoir l'innocence,
Cette hauteur d'estime où vous êtes de vous,
Et ces yeux de pitié que vous jetez sur tous,
Vos fréquentes leçons et vos aigres censures
Sur des choses qui sont innocentes et pures:
Tout cela, si je puis vous parler franchement,
Madame, fut blâmé d'un commun sentiment.
A quoi bon, disaient-ils, cette mine modeste,
Et ce sage dehors que dément tout le reste?
Elle est à bien prier exacte au dernier point,
Mais elle bat ses gens et ne les paye point.
Dans tous les lieux dévots elle étale un grand zèle,
Mais elle met du blanc et veut paraître belle.
Elle fait des tableaux couvrir les nudités:
Mais elle a de l'amour pour les réalités.
Pour moi, contre chacun je pris votre défense,
Et leur assurai fort que c'était médisance:
Mais tous les sentiments combattirent le mien,
Et leur conclusion fut que vous feriez bien
De prendre moins de soins des actions des autres,
Et de vous mettre un peu plus en peine des vôtres;
Qu'on se doit regarder soi-même un fort long temps
Avant que de songer à condamner les gens;
Qu'il faut mettre le poids d'une vie exemplaire
Dans les corrections qu'aux autres on veut faire;
Et qu'encor vaut-il mieux s'en remettre au besoin,

A ceux à qui le ciel en a commis le soin.
Madame, je vous crois aussi trop raisonnable
Pour ne pas prendre bien cet avis profitable,
Et pour l'attribuer qu'aux mouvements secrets
D'un zèle qui m'attache à tous vos intérêts.

ANALYSE

Molière, dans la comédie du *Misanthrope*, met aux
prises une coquette, Célimène, dont l'esprit et la beauté
attirent auprès d'elle une foule de jeunes seigneurs qui
lui font assidûment la cour, et une prude, Arsinoé, qui,
après avoir vainement employé toutes les ressources de
l'art

> Pour réparer des ans l'irréparable outrage,

cherche dans les pratiques de la religion un moyen de
rendre moins pénible pour son amour-propre, la déser-
tion de ses anciens adorateurs.

Arsinoé souffre jusqu'au fond du cœur des succès de
sa jeune rivale. La jalousie et le dépit la tourmentent
sans relâche. Non contente de décrier partout la coquetterie de Célimène, elle voudrait pouvoir l'humilier sur le
théâtre même de son triomphe. Elle savoure à l'avance
le plaisir qu'elle aura à mortifier sa rivale dans ce même
salon où les hommages les plus flatteurs caressaient tout
à l'heure sa vanité. Entraînée par cette maligne espérance, elle se présente chez Célimène, à l'heure même où
elle la sait entourée de tous ses courtisans, et, feignant
de prendre ses intérêts, elle lui fait avec complaisance
le récit des calomnies et des médisances auxquelles est
partout en butte sa coquetterie.

Madame,

lui dit-elle,

> l'amitié doit surtout éclater
> Aux choses qui le plus nous peuvent importer;
> Et, comme il n'en est point de plus grande importance

> Que celles de l'honneur et de la bienséance,
> Je viens, pour un avis qui touche votre honneur,
> Témoigner l'amitié que pour vous a mon cœur.

Voilà ce que l'on peut appeler les *précautions oratoires.*
Plus Arsinoé doit se montrer cruelle, plus elle sent le
besoin de justifier ses méchancetés par la bienveillance
de l'intention. C'est donc *par pure amitié* qu'elle raconte
à Célimène les médisances suivantes :

> *Hier*, j'étais chez *des gens* de vertu singulière
> Où sur vous du discours on tourna la matière.

Ainsi, le zèle qui l'anime à l'endroit de Célimène est
si ardent, son amitié est si vive, qu'elle n'a pu attendre
deux jours pour la faire éclater; c'est *hier* qu'elle a entendu médire de son *amie :* c'est le lendemain qu'elle
vient l'informer des médisances dont elle est l'objet de la
part *de gens de vertu singulière* qu'elle ne nomme point,
et pour cause. Elle serait bien embarrassée si elle était
obligée de les désigner par leur nom. Le loup dit de
même à l'agneau : *On* me l'a dit. Cet indéfini *on* est un
pronom bien commode pour les menteurs et les malhonnêtes gens.

Arsinoé s'est contenue jusqu'ici : son dépit va maintenant se donner carrière :

> Et là, votre conduite avec ses grands éclats,
> Madame, eut le malheur qu'*on ne la loua pas !*

Remarquez cet euphémisme : *qu'on ne la loua pas !* Il
a certainement beaucoup plus de force que le terme
précis *on la blâma, on la critiqua*, car il permet de sup-
poser que le blâme a été de la dernière vivacité.

Arsinoé expose ensuite avec complaisance les critiques
dont la conduite de Célimène a été l'objet.

> Cette foule de gens dont vous souffrez visite,
> Votre galanterie et les bruits qu'elle excite,
> Trouvèrent des censeurs *plus qu'il n'aurait fallu,*
> *Et bien plus rigoureux que je n'eusse voulu.*

Rien ne peut être plus blessant pour Célimène que
cette espèce de commisération dont elle est l'objet de la
part de la fausse dévote. Arsinoé se plaît à l'humilier
encore par l'étalage du beau zèle qu'elle a déployé pour
la défendre.

> Vous pouvez bien penser quel parti je sus prendre :
> Je fis-ce que je *pus* pour vous *pouvoir* défendre.

Remarquez cette répétition du verbe *pouvoir*, que l'on
aurait tort de regarder comme une négligence. Molière
veut dire : je fis ce que je pus — je fis tout mon possible pour vous pouvoir défendre — afin de trouver des
arguments assez puissants pour vous justifier, afin *d'arriver* à vous excuser. La prude continue :

> Je vous excusai fort sur votre *intention* :

L'intention, comme on sait, est la suprême excuse qui
justifie tout aux yeux de certaines gens. Il suffit de
lire les *Provinciales* de Pascal pour s'en convaincre. Arsinoé a été plus loin encore :

> Et voulus de votre âme être la caution.

Ainsi, elle a poussé le dévouement jusqu'aux dernières
limites : elle n'a pas hésité à servir de caution à son
amie, à répondre de sa vertu! Comment, après ce trait
digne de l'antiquité, Célimène pourrait-elle douter de
l'affection et de la sincérité d'Arsinoé. Le malheur est
que les plus beaux serments ne sont pas toujours crus.

> Mais vous savez qu'il est des choses dans la vie
> Qu'on ne peut excuser, *quoi qu'on en ait envie;*
> Et *je me vis contrainte* à demeurer d'accord,
> Que l'air dont vous vivez *vous faisait un peu tort;*
> Qu'il prenait dans le monde *une méchante face;*
> Qu'il n'est conte fâcheux que partout on n'en fasse :
> Et que si vous vouliez, *tous vos déportements*
> Pourraient moins donner prise aux mauvais jugements.

Ainsi, c'est *malgré elle*, c'est parce qu'elle était forcée
de se rendre à l'évidence, qu'Arsinoé est convenue que

la conduite de Célimène n'était pas conforme aux convenances! Voyez comme elle trahit son dépit par l'exagération même des termes qu'elle emploie et dont la méchanceté va toujours croissant; elle ne recule même pas devant ce mot cruel : TOUS VOS DÉPORTEMENTS. Elle sent toutefois qu'elle a été trop loin, et pour atténuer l'effet de ces calomnies, elle ajoute avec componction :

> Non que j'y croie *au fond* l'honnêteté blessée ;
> Me préserve le ciel d'en avoir la pensée !
> Mais *aux ombres* du crime on prête aisément foi.

C'est-à-dire on ajoute foi *aux apparences*, sans se donner la peine d'examiner s'il y a *véritablement* crime.

> Et ce n'est pas assez de bien vivre pour soi.

Le dépit de la prude est enfin assouvi. Arsinoé termine par une protestation nouvelle de dévouement à la faveur de laquelle elle espère faire passer toutes les méchancetés qu'elle a imputées à des critiques imaginaires :

> Madame, je vous crois l'âme trop raisonnable
> Pour ne pas prendre en bien cet avis profitable,
> Et pour l'attribuer qu'aux mouvements secrets
> D'un zèle qui m'attache à tous vos intérêts.

Célimène a écouté cette longue tirade en silence. Elle a facilement deviné le motif qui amenait Arsinoé et le sentiment qui lui dictait ces critiques méchantes. Calme en apparence et tout à fait maîtresse d'elle-même, elle répond avec une indignation contenue à chacun des griefs dont elle vient d'entendre la longue énumération. Appliquant à la prude la peine du talion, elle lui rend morsure pour morsure : que dis-je? les coups qu'elle porte sont bien plus rudes que ceux d'Arsinoé. Profitant de tous les avantages que lui donne sa qualité d'offensée, elle dépasse même la rigueur de la loi judaïque, et semble se plaire à déchirer sans pitié celle qui est venue si imprudemment l'attaquer.

Le début de cette réplique est plein d'ironie :

> Madame, j'ai beaucoup de grâces à vous rendre.
> Un tel avis m'oblige ; et, *loin de le mal prendre,*
> J'en prétends reconnaître à l'instant *la faveur*
> Par un avis aussi qui touche votre honneur ;
> Et comme je vous vois vous montrer *mon amie,*
> En m'apprenant les bruits que *de moi* l'on publie,
> Je veux suivre à mon tour *un exemple si doux,*
> En vous avertissant de ce qu'on dit de vous.

Il est impossible de se moquer avec plus d'esprit, et de démasquer plus adroitement l'hypocrisie et la médisance. Remarquez ces mots : *j'ai beaucoup de grâces à vous rendre... la faveur... mon amie... un exemple si doux...,* qui, de la manière dont Célimène les lance, s'enfoncent comme des traits acérés dans le cœur de la prude, et lui causent une douleur d'autant plus cuisante qu'elle sent, au fond, combien ce châtiment est mérité.

Célimène prend un malin plaisir à calquer sa réplique sur le langage d'Arsinoé et à employer le tour et les expressions dont la dévote s'est servie.

> En *un lieu, l'autre jour,* où je faisais visite,
> Je trouvai *quelques* gens *d'un très rare mérite,*
> Qui, parlant des vrais *soins* d'une âme qui vit bien,
> Firent tomber sur vous, Madame, l'entretien.

La coquette ne désigne pas plus clairement que la prude le lieu et les personnes dont elle parle : Arsinoé doit en conclure que Célimène n'a pas été dupe de sa fausseté. Sous le couvert de cet anonyme dont on lui a donné l'exemple, celle-ci va lui décocher les traits les plus blessants : car ils portent tous juste.

> Là, votre *pruderie* et vos *éclats de zèle*
> Ne furent pas cités comme un fort bon modèle ;
> Cette *affectation* d'un grave extérieur,
> Vos discours *éternels* de sagesse et d'honneur,
> Vos *mines* et vos cris aux ombres d'indécence
> Que d'un mot ambigu peut avoir l'innocence,
> Cette hauteur d'estime où vous êtes de vous,
> Et ces yeux de pitié que vous jetez sur tous,
> Vos fréquentes leçons et vos aigres censures

> Sur des choses qui sont innocentes et pures :
> Tout cela, si je puis vous parler franchement,
> Madame, fut blâmé d'un commun sentiment.

Dans cette partie de sa réplique, Célimène a placé très adroitement sa propre justification : car, si les *fréquentes leçons* et les *aigres censures* d'Arsinoé ne portent que sur des choses qui sont *innocentes* et *pures*, tout ce qu'elle est venue dire à Célimène est *pure méchanceté*.

Célimène ne se contente pas de se défendre : elle attaque à son tour et intervertit à son profit les deux rôles. Elle pousse même la malice jusqu'à prêter aussi à des personnes imaginaires les cruelles vérités qu'elle va faire entendre à Arsinoé.

> A quoi bon, disaient-ils, cette mine modeste,
> Et ce sage dehors que dément tout le reste ?

Et ici elle place adroitement un petit éloge que rendra plus cruel encore, par le contraste, la critique qui le suit :

> Elle est à bien prier exacte au dernier point,
> Mais elle bat ses gens et ne les paye point.
> Dans tous lieux dévots elle *étale* un grand zèle,
> Mais elle met du blanc et *veut paraître* belle.

Voilà des vérités qu'une femme ne pardonne point, à plus forte raison une femme dont la dévotion est fausse et affectée. Ce qui suit dépasse toutes les cruautés et ne se pourrait même justifier si Arsinoé ne s'était servie la première du mot *déportements*.

> Elle fait des tableaux couvrir les nudités :
> Mais elle a de l'amour *pour les réalités*.

Telles sont les accusations que *des gens d'un très rare mérite* ont osé porter contre la prude ! Oh ! qu'Arsinoé se rassure : Célimène non plus n'y a point ajouté foi ; loin de là ! Imitant, ou plutôt, prévenant les bons offices de sa rivale, puisque la scène s'est passée, non pas *hier*, mais *l'autre jour*, elle a pris le parti d'Arsinoé :

Pour moi, contre chacun je pris votre défense,
Et leur assurai fort que c'était médisance :
Mais tous les sentiments combattirent le mien.

Et pour rendre à la prude avec usure ce qu'elle en a
reçu, elle lui donne indirectement ce conseil, que sa
forme rend encore plus pénible :

Et leur conclusion fut que vous feriez bien
De prendre moins de soins des actions des autres
Et de vous mettre un peu plus en peine des vôtres;
Qu'on se doit regarder soi-même un fort longtemps
Avant que de songer à condamner les gens;
Qu'il faut mettre le poids d'une vie exemplaire
Dans les corrections qu'aux autres on veut faire;
Et qu'encor vaut-il mieux s'en remettre au besoin,
À ceux à qui le ciel en a commis le soin.

Enfin, pour que rien ne manque à l'ironie de cette
réplique, Célimène conclut comme Arsinoé :

Madame, je vous crois aussi trop raisonnable,
Pour ne pas prendre bien cet avis profitable,
Et pour l'attribuer qu'aux mouvements secrets
D'un zèle qui m'attache à tous vos intérêts.

Il était impossible qu'un entretien dont la vivacité
et l'aigreur en étaient venues à ce point, se continuât
fort longtemps. Les deux femmes se querellent encore
quelques moments : leur beauté, les hommages dont
elles sont l'objet, telle est la matière de cette seconde
partie du débat que Célimène rompt brusquement en
quittant la place où la prude a été si cruellement mal-
menée.

Hélas! elle le méritait bien, car elle était bien coupable. Le dépit l'avait poussée à faire une démarche
qu'elle aurait voulu expliquer par un zèle affecté. Elle
est donc justement punie de sa duplicité; et les specta-
teurs, sans approuver la coquetterie de Célimène, sont
heureux de voir châtier par une coquette, des sentiments
aussi mauvais que la jalousie et la fausse dévotion.

Le lièvre qui fait le brave.

OBJET DE LA FABLE.

Les qualités que nous n'avons pas, sont certainement celles que nous admirons et que nous envions le plus. Cette admiration est parfois même tellement vive, qu'elle nous entraîne à prendre les dehors les plus capables de faire croire aux autres que nous sommes réellement tels que nous voulons paraître. On peut réunir tous ces faux semblants sous une appellation commune, qui les désigne très clairement : c'est-à-dire, l'hypocrisie.

C'est pour nous prémunir contre ce grave défaut, *l'hypocrisie du courage*, et nous ramener au sentiment de notre véritable valeur, que Fénelon a écrit la fable du « *Lièvre qui fait le brave.* »

EXPOSITION DU SUJET

Un lièvre qui voudrait être brave, cherche l'occasion de s'aguerrir. Dupe de sa propre pusillanimité, il s'exagère si bien ses exploits, qu'il en vient à se croire un foudre de guerre. Il affirme même que la race entière des chiens ne serait pas capable de le faire reculer... et il prend la fuite en entendant glapir assez loin, un petit tourne-broche.

Le lièvre est la personnification fidèle de ces gens pusillanimes qui font parade d'une bravoure sans pareille quand ils sont en sécurité, et que le moindre danger met en fuite. Voyons le parti que l'écrivain a su tirer de cette donnée si vraie et si naturelle.

DÉVELOPPEMENT.

Fénelon commence par nous tracer le portrait de son héros.

Un lièvre qui *était* honteux *d'être* poltron, cherchait quelque occasion de s'aguerrir. Il allait quelquefois, par *un* trou *d'une* haie, dans les choux du jardin d'*un* paysan, pour s'accoutumer au bruit du village. Souvent même il passait *assez près* de quelques mâtins, qui se contentaient d'aboyer après lui.

Le portrait du lièvre est bien conforme à l'idée que nous nous faisons de cet animal. La Fontaine l'a parfaitement dépeint dans ce vers :

> Cet animal est triste et la crainte le ronge.

Le fabuliste nous fait aussi pressentir la vanité qui peut entrer dans le cœur de ce poltron, quand il lui prête ce langage, au moment où les grenouilles qu'il a terrifiées, sautent si bravement dans les ondes.

> Oh ! dit-il, j'en *fais faire* autant
> Qu'on m'en *fait faire !* Ma présence
> Effraye aussi les gens ? je mets l'alarme au camp !
> Et d'où me vient cette vaillance !
> Comment ! des animaux qui tremblent devant moi !
> Je suis donc un foudre de guerre !

Les vers qui précèdent auraient pu certainement inspirer à Fénelon l'idée de personnifier, dans le lièvre, ces fanfarons qui ne sont braves que quand ils se sentent parfaitement en sécurité. Notons, dans le portrait qu'il a tracé, quelques négligences que nous devons signaler aux élèves, pour les mettre en garde contre les répétitions qui ne disent rien à l'esprit et le fatiguent même par leur monotonie. En principe, toute répétition qui n'a pas pour objet de produire un effet déterminé, devient par cela même aussi vicieuse que le serait, dans un morceau de musique, la répétition continuelle du même son. C'est pour appeler l'attention des écoliers sur ce point important que nous avons souligné : « Un lièvre qui *était* honteux *d'être* poltron. »

Pourquoi ne pas dire : « qui était honteux de *sa poltronnerie*... » Il est toujours *facile* et *absolument nécessaire* d'éviter ces fautes qui, fréquemment répétées, ennuient le lecteur et donnent le sentiment d'une négligence qui ne procède point apparemment du souci de lui plaire.

Or, les lecteurs ont le droit d'être exigeants.

Nous avons encore souligné, *uniquement parce que nous nous préoccupons de l'instruction des élèves :*

Par *un* trou *d'une* haie dans les choux du jardin *d'un* paysan.

Cette répétition de l'adjectif *un* est une tache.

Au risque de paraître *méticuleux,* il faut arrêter l'attention des enfants sur ces négligences, et condamner sans pitié dans leurs devoirs ces répétitions monotones. Remarquons en passant la placidité de ces mâtins qui ont conscience de leur force, et ne se dérangent même pas pour donner la chasse au lièvre.

Le portrait de cet animal se termine par quelques traits un peu exagérés. La Fontaine n'est point tombé dans cette faute.

Au retour de ces *grandes* expéditions — (*grandes* est ironique), il se croyait plus redoutable qu'Alcide après tous ses travaux.

Alcide ou Hercule, est, on le sait, la personnification de la *force* humaine, et on lui a attribué tous les travaux que l'homme a dû accomplir pour purger la terre des monstres qui l'infestaient, et rendre notre séjour habitable et tranquille. Le lièvre de Fénelon avait sans doute été au collège et y avait appris la *mythologie.* Que dis-je? Il en savait bien plus long, et il connaissait à fond les *antiquités romaines.*

On dit même qu'il ne rentrait *dans son gîte* qu'avec des feuilles de laurier et faisait l'*ovation.*

C'est-à-dire, se donnait à lui-même les honneurs du petit triomphe. Malheureusement *ce gîte* était bien étroit et bien mesquin pour une pareille solennité ! Si encore le fabuliste avait dit :

Sa demeure!

Des exploits qui ne sont pas connus ne peuvent satisfaire la vanité. Le lièvre était donc amené naturellement à parler de ses hauts faits. Le portrait se continue.

Il vantait ses prouesses à ses *compères* les lièvres voisins.

Compères est un peu familier; un lièvre si brave devait regarder les autres avec quelque dédain et se croire bien au-dessus d'eux.

Il représentait les dangers qu'il avait courus, les alarmes qu'il avait données aux ennemis, les ruses de guerre qu'il avait *faites* en expérimenté capitaine, et surtout son intrépidité héroïque.

On dirait sans doute aujourd'hui :

Les ruses auxquelles il avait eu recours, dont il s'était servi.

Mais passons. Notre lièvre devient tout à fait dupe de sa fausse intrépidité, et il en arrive à se tromper lui-même :

Chaque matin

(Et pourquoi pas *chaque soir, au retour de ses expéditions ?*)

Chaque matin il remerciait Mars et Bellone

les divinités de la guerre, chez les anciens,

de lui avoir donné des talents et un courage *pour* dompter toutes les nations à longues oreilles.

Des talents et un courage *pour* seraient remplacés aujourd'hui par

un courage *capable de* dompter, ou *tel qu'il pût* dompter.

Le style de Fénelon, dans ses fables, est plein de laisser-aller et de familiarité ; mais nos élèves doivent être mis en garde contre tout ce qui n'est pas *rigoureusement correct.* — Par

nation à longues oreilles,

il faut entendre vraisemblablement les lièvres et les lapins. Mais alors, notre lièvre n'entend plus traiter ses pareils en *compères*.

Malheureusement pour lui, ses voisins ne sont pas dupes de ses fanfaronnades. Un modeste lapin le ramène au sentiment de la réalité.

Jean Lapin, discourant *un* jour avec lui, dit d'*un* ton moqueur: mon ami, je te voudrais voir avec cette *belle* fierté (*belle* est ironique) au milieu de chiens courants. *Hercule*,

(c'est-à-dire, notre lièvre qui voulait se faire passer pour un Hercule)

fuirait bien vite et ferait *une* laide contenance.

Remarquez l'opposition de *belle fierté* et de *laide contenance :* ces deux derniers mots signifient : *prendrait la fuite.*

Le lièvre est piqué par cette malicieuse observation.

Mais! répondit notre *preux chevalier*, je ne reculerais pas quand toute la *gent* chienne viendrait m'attaquer.

Notre lièvre, qui tout à l'heure était un dieu de la mythologie, est maintenant comparé à un héros de la chevalerie. Il eût mieux valu, à notre avis, emprunter les images au même ordre d'idées, et ne pas mêler ainsi l'*antiquité païenne* avec le *moyen âge chrétien*.

Dans cette expression, la *gent* chienne, *gent* est le synonyme de *race* et conserve son sens étymologique.

La forfanterie du héros va être punie immédiatement.

A peine eut-il parlé, qu'il entendit *un* petit tourne-broche, (*un* petit chien inoffensif) d'*un* fermier voisin, qui glapissait (aboyait de peur sans doute) dans les buissons assez loin de *lui* (le lièvre). Aussitôt il tremble, il frissonne, il a la fièvre.

Remarquez la gradation.

Ses yeux se troublent comme ceux de Pâris (le ravisseur d'Hélène) quand il vit Ménélas (l'époux qu'il avait outragé) qui venait ardemment — (c'est-à-dire, *animé* de l'*ardeur* qu'inspire le désir de la vengeance) — contre lui.

Cette comparaison est empruntée à l'*Iliade* d'Homère, qui a raconté un épisode de la guerre de Troie.

Notre lièvre n'écoute plus que sa frayeur.

Il se précipite d'*un* rocher escarpé dans *une* profonde vallée où il *pensa* — (c'est-à-dire, faillit) — se noyer *dans un ruisseau*.

C'eût été lui faire trop d'honneur que de le noyer dans un *torrent*.

CONCLUSION ET MORALE (1).

Le lièvre ne retire de ses fanfaronnades et de sa poltronnerie que la raillerie et le ridicule.

Jean Lapin, lui voyant faire le saut, s'écria de son terrier : Le voilà, ce foudre de guerre! Le voilà, cet Hercule qui doit purger la terre de tous les monstres dont elle est pleine.

Le châtiment est complet. Etre traité de poltron par un lion, serait déjà cruel! mais s'entendre tourner en dérision par Jean Lapin!!! Voilà le coup de pied de l'âne!

---

(1) Nous avons donné à cette analyse une apparence plus méthodique en y introduisant des divisions. On pourra proposer aux élèves de reproduire cette disposition dans leurs devoirs : elle ne pourra que les aider en les guidant.

TABLE DES MATIÈRES

www.ingramcontent.com/pod-product-compliance
Lightning Source LLC
Chambersburg PA
CBHW070617100426
42744CB00006B/515